경제

공병호 감수 | 정수은 글 | 송진욱 그림

아이앤북
I&BOOK

머리말

'난 부자가 되고 싶어. 난 부자가 될 거야.'
사람들은 누구나 부자가 되고 싶어해.
선생님도 부자가 되고 싶어. 부자가 되고 싶은 마음은 자연스러운 거야.
그런데 말이야. 이 책은 돈을 모으는 방법을 가르쳐 주는 책은 아니야.
선생님은 너희들에게 '진짜 부자'가 되는 방법을 가르쳐 주기 위해 이 책을 썼단다.
'부자'면 부자지 '진짜 부자'가 뭐냐고?
'부자'와 '진짜 부자'는 큰 차이점이 있어.
부자가 되려면 우선 돈이 있어야 해. 그래, 그건 당연한 일이야.
그런데 단지 돈이 많은 사람을 '부자'라고 한다면 '진짜 부자'는 돈의 가치와 소중함을 알고 돈을 제대로 관리할 줄 아는 사람이야.

진짜 부자는 또 돈을 제대로 쓸 줄 아는 사람이기도 해. 돈은 모으는 것도 중요하지만 그에 못지않게 잘 쓰는 것도 중요하기 때문이야.

어때? 이왕이면 '부자' 보단 '진짜 부자' 가 되는 게 좋겠지?

그렇다면 '진짜 부자' 가 되기 위해 우린 어떤 일을 해야 하는 걸까?

잘 모르겠다고? 지금부터 이 책을 잘 읽어 보렴.

이 책에는 어린이가 꼭 알아야 하는 경제 원리를 비롯해 부자들의 생각 기술, 친구 관계, 생활 습관, 용돈 관리법, 미래 계획 등 '진짜 부자' 가 되는 비법이 담겨 있어.

아참, 중요한 걸 잊을 뻔했네.

진짜 부자가 되는 가장 빠른 방법은 '난 진짜 부자다!' 라고 생각하는 거야. 그럼 진짜 부자처럼 행동하게 되고 결국엔 진짜 부자가 될 수 있단다.

이 책을 읽는 어린이 모두 진짜 부자가 되길 바래.

어느 즐거운 날
정수은

C O N T E N T S

제1장 >> **부자**가 되기 위해 **꼭** 알아야 할 경제 원리

001 경제의 흐름을 알아야 부자 · 10 | **002** 돈은 사람들 사이의 약속 · 12 | **003** 시장에서의 가격 결정 · 14 | **004** 귀할수록 값이 비싼 이유 · 16 | **005** 선택을 할 땐 기회비용을 생각하자 · 18 | **006** 물가가 오르면 사람들이 힘들어지는 이유 · 20 | **007** 일자리가 많아야 부자 나라 · 22 | **008** 쇠고기를 파는 나라, 석유를 파는 나라 · 24 | **009** 스케치북 하나에도 세금이 붙는 까닭 · 26 | **010** 회사의 주인이 되는 주식 거래 · 28 | **011** 돈을 사고 파는 은행 · 30 | **012** 투자가 뭐지? · 32 | 경제 실천 _ '부자 목표'를 정하자 · 34

제2장 >> **성공한 부자들**의 **생각 기술**

013 내가 아니면 누가 부자가 되겠어! · 38 | **014** 부자와 자린고비의 차이 · 40 | **015** 부자는 끊임없이 공부하는 사람 · 42 | **016** 부자는 황금 같은 시간을 낭비하지 않는다 · 44 | **017** 부자는 한 발 앞서 생각하는 사람이다 · 46 | **018** 세상에 공짜 점심은 없다 · 48 | **019** 최고의 상품은 바로 나 자신이다 · 50 | **020** 스스로의 가치를 높이자 · 52 | **021** 신용을 잃느니 차라리 돈을 잃는 게 낫다 · 54 | **022** 실패는 나의 힘! · 56 | **023** 주는 것이 곧 얻는 것이다 · 58 | **024** 부자는 눈앞의 이익만을 위해 일하지 않는다? · 60 | 경제 실천 _ '부자 계획'을 세우자 · 62

차례

제3장 >> 나를 부자로 만드는 특별한 친구 관계

025 친구와 정보는 같은 이름 · 66 | **026** 나는 날마다 새로운 친구를 사귀겠습니다 · 68 | **027** 칭찬과 이익은 함께 나누자 · 70 | **028** 돈 한 푼 들이지 않고 내 편으로 만드는 칭찬 · 72 | **029** 서로 도와야 진짜 친구 · 74 | **030** 빌린 돈은 반드시 갚자 · 76 | **031** 얻어먹기만 좋아하는 건 얄미워! · 78 | **032** 비싼 옷으로 친구를 판단하지 말자 · 80 | **033** 친구의 능력을 믿자 · 82 | **034** 돈을 쓰는 데에도 요령이 있다 · 84 | **035** 친구를 도울 땐 친구의 기분을 생각하자 · 86 | **036** 친구의 도움으로 다시 일어설 수 있었던 마크 트웨인 · 88 | 경제 실천 _ 친구에게 호감을 주는 비법 · 90

C O N T E N T S

제4장 >> 나를 **부자**로 만드는 생생 **생활 습관**

037 벼락 부자가 다시 가난해지기 쉬운 이유 · 94 | **038** 아버지의 목숨 값을 흥정한 아들 · 96 | **039** 건강은 가장 큰 재산! · 98 | **040** 게으른 사람은 절대 부자가 될 수 없다 · 100 | **041** 저축이 먼저다 · 102 | **042** 서랍 속 잡동사니를 버려라 · 104 | **043** 내게 더 필요한 건 드레스일까? 청바지일까? · 106 | **044** 쓰지 않는 물건은 재활용 시장에 내다 팔자 · 108 | **045** 돈보다 더 중요한 시간 관리 · 110 | **046** 부자 아버지를 바라보기보다 부자가 된 나를 꿈꾸자 · 112 | **047** 석유 재벌 록펠러의 절약 정신 · 114 | **048** 아시아 최고 부자 리카싱의 돈에 대한 태도 · 116 | 경제 실천 _ 절약하는 습관은 필수! · 118

차례

제5장 >> 나를 부자로 만드는 용돈 관리법

049 용돈을 얼마를 받느냐보다 어떻게 쓰느냐가 더 중요하다 · 122 | **050** 잃어버린 돈을 찾아라! · 124 | **051** 세뱃돈이 생기면 저축부터 하자 · 126 | **052** 과소비와 절제는 언제 웃느냐의 차이 · 128 | **053** 100원을 싸게 사면 100원을 번 것과 마찬가지! · 130 | **054** 싸다고 무조건 사는 것은 위험해 · 132 | **055** 물건을 살 때는 세 번 생각하자 · 134 | **056** 싼 가격보다는 품질을 먼저 생각하자 · 136 | **057** 경품의 유혹에 넘어가지 말자 · 138 | **058** 게임 속에 버려지는 시간과 돈 · 140 | **059** 영수증은 꼭! 꼭! 모으자 · 142 | **060** 떼쓰지 않고 용돈을 올리는 비법 · 144 | 경제 실천 _ 용돈 기입장은 부자가 되는 지름길 · 146

제6장 >> 부자 어린이의 미래 계획

061 자기 계발이 곧 미래다 · 150 | **062** 아이디어가 왜 돈이 될까? · 152 | **063** 내가 정말 하고 싶은 일을 찾자 · 154 | **064** 부자 스승을 만들자 · 156 | **065** '할 수 있다' 만 생각하자 · 158 | **066** 컴퓨터의 황제 빌 게이츠의 성공 요인 · 160 | **067** 월마트의 창립자 샘 월튼의 성공 비결 · 162 | **068** 세계적인 투자가 워런 버핏의 투자와 성공 · 164 | **069** 예금의 종류 · 166 | **070** 부동산과 복리 투자 · 168 | **071** 주식에 투자해요 · 170 | **072** 나도 사업가! · 172 | 경제 실천 _ 나도 미래의 부자가 될 수 있다! · 174

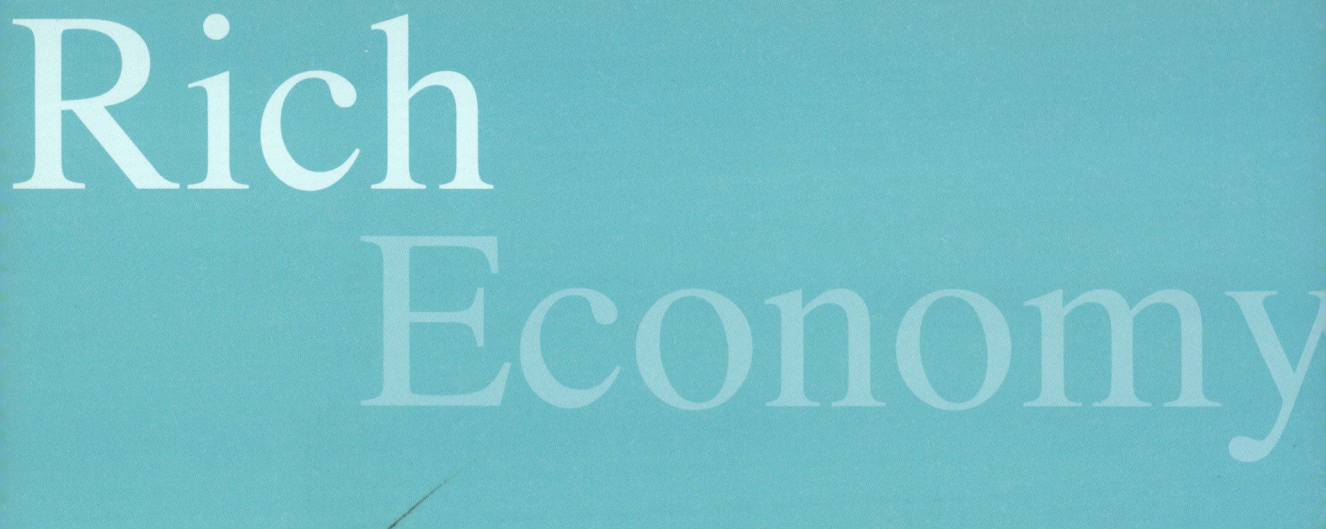

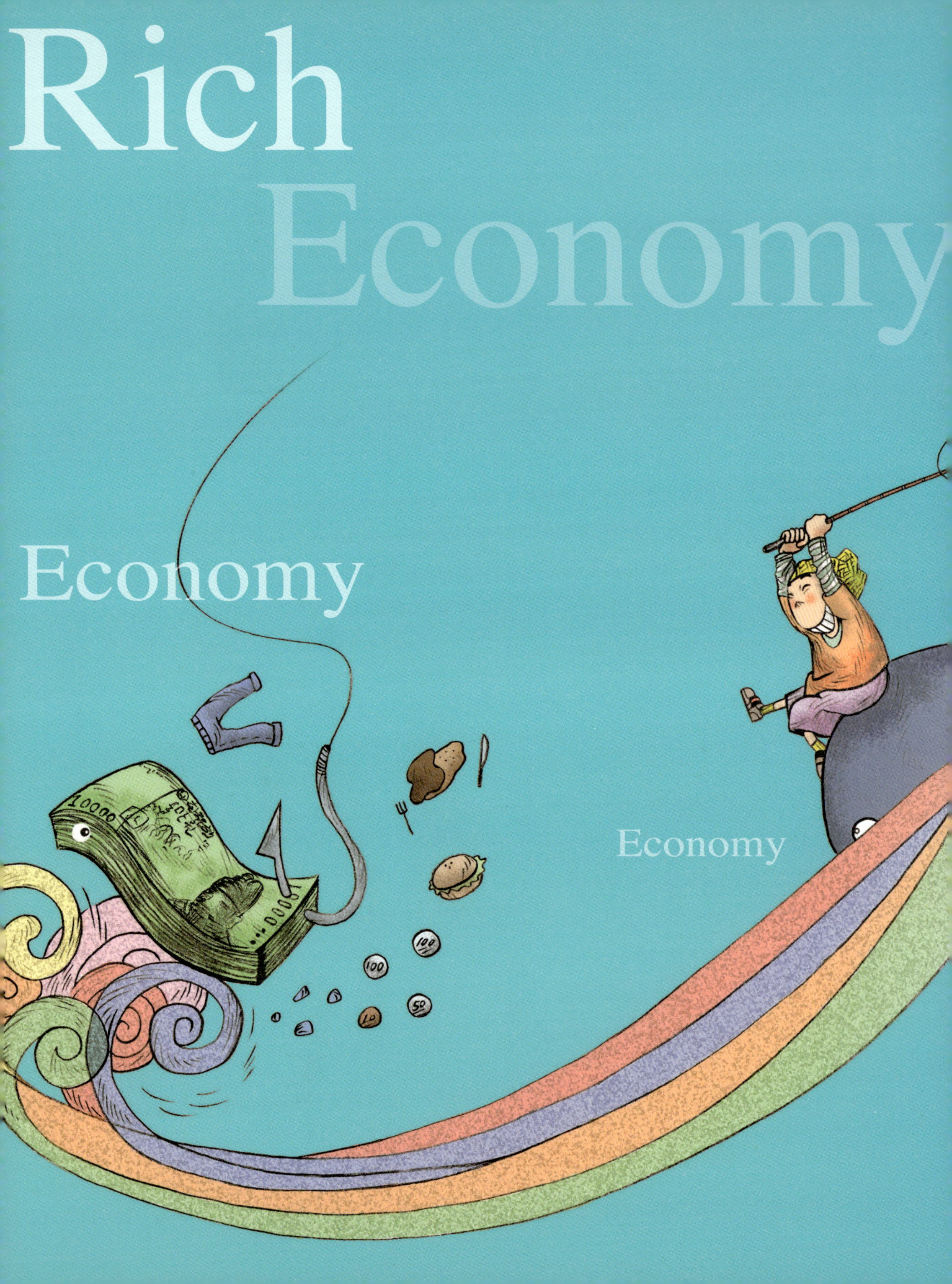
Rich
Economy
Economy
Economy

#1
부자가 되기 위해 꼭 알아야 할 경제 원리

Rich Economy

001 경제의 흐름을 알아야 부자
002 돈은 사람들 사이의 약속
003 시장에서의 가격 결정
004 귀할수록 값이 비싼 이유
005 선택을 할 땐 기회비용을 생각하자
006 물가가 오르면 사람들이 힘들어지는 이유
007 일자리가 많아야 부자 나라
008 쇠고기를 파는 나라, 석유를 파는 나라
009 스케치북 하나에도 세금이 붙는 까닭
010 회사의 주인이 되는 주식 거래
011 돈을 사고 파는 은행
012 투자가 뭐지?
경제 실천 _ '부자 목표'를 정하자

Economy

001

경제의 흐름을 알아야 부자

경제 활동을 통해 벌어들이는 돈을 '수입'이라고 하고, 돈을 쓰는 것을 '지출'이라고 해. 수입이 지출보다 많아서 모아 놓은 돈이 써야 할 돈보다 훨씬 많은 사람을 우리는 보통 부자라고 불러.

사람들은 왜 부자가 되고 싶어할까?

먹고 싶은 것도 실컷 먹을 수 있고, 좋은 집에서 살며 여행도 다닐 수 있다고? 그래, 맞는 말이야. 부자가 되면 돈 걱정을 하지 않아도 되고 풍요로운 생활을 누릴 수 있어.

그런데 부자가 되려면 먼저 알아야 할 것이 있어. 바로 '경제의 흐름'이야.

경제는 우리가 숨을 쉬는 것처럼 우리의 생활과 밀접한 관계를 가지고 있어. 우리가 아침에 일어나 자연스럽게 먹고, 입고, 자고, 활동하는 모든 것은 경제와 연관되어 있어.

하루 일과의 시작과 함께 우리는 매순간 경제 활동을 하고 있는 셈이지.

"오늘 점심에는 돈가스를 먹어야지."

"청바지가 너무 낡았는걸. 새 걸 사야지."

"이런, 전기 요금이 지난 달보다 많이 나왔네."

나뿐만이 아니야. 세상을 살아가는 모든 사람들은 경제 활동을 해.

경제 활동을 통해 벌어들이는 돈을 '수입'이라고 하고, 돈을 쓰는 것을 '지출'이라고 해. 수입이 지출보다 많아서 모아 놓은 돈이 써야 할 돈보다 훨씬 많은 사람을 우리는 보통 부자라고 불러.

몇십 년 동안 꾸준히 저축을 해서 부자가 되기도 하고 사업을 하거나 좋은 아이디어에 투자해 비교적 짧은 기간에 부자가 되는 경우도 있어.

경제 활동을 하려면 늘 선택과 결정이 필요해. 어떤 선택과 결정을 하느냐에 따라 돈을 벌기도 하고 때로는 빚을 지는 경우도 있어.

경제 상황을 잘 알고 있어야 최고의 선택을 할 수 있지. 그런데 경제 상황은 늘 변하기 때문에 경제의 흐름을 아는 것이 부자의 필수 조건이야.

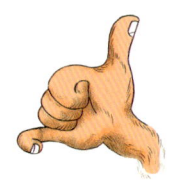

돈은 사람들 사이의 **약속**

돈이 생기면서부터 사람들의 생활은 훨씬 편리해졌어. 언제 어디에서든 필요한 물건을 돈으로 살 수 있게 되었으니까. 요즘엔 신용카드나 전자 화폐가 돈을 대신하기도 하지.

옛날에 돈이 만들어지지 않았을 때 사람들은 자신이 가진 물건을 필요한 물건과 맞바꾸어 썼어.

"곡식 한 말을 줄 테니 생선 한 두름을 주시오." 하는 식이었지.

그런데 이런 물물교환은 불편한 것이 한두 가지가 아니었어. 물건을 가지고 다녀야 해서 무겁기도 했지만 서로 필요한 물건이 다르거나 물건의 가치가 달라 교환이 되지 않는 경우도 많았거든.

그래서 사람들은 약속을 하기로 했어. 돈을 주면 언제든 필요한 물건을 살 수 있도록 말이지.

처음에는 조개 껍데기가 돈 대신 사용되었어. 그러다 세월이 흘러, 가지고 다니기 쉬운 동전과 지폐가 생겨났어. 지금과 같은 돈이 생겨난 거지.

돈이 생기면서부터 사람들의 생활은 훨씬 편리해졌어. 언제 어디에서든 필요한 물건을 돈으로 살 수 있게 되었으니까. 요즘엔 신용카드나 전자 화폐가 돈을 대신하기도 하지.

그런데 왜 나라마다 돈의 단위가 다른 걸까? 미국은 달러(Dollar), 일본은 엔(Yen), 한국은 원(Won) 등 다른 이름으로 부르고 있잖아. 100달러, 100엔, 100원의 가치는 모두 달라. 그건 나라마다 돈의 가치에 대한 약속이 다르기 때문이야.

그리고 물건에 따라 돈을 많이 내기도 하고 적게 내기도 하는 건 돈이 물건의 값어치를 나타내기 때문이야. 돈은 또 그 자체로도 가치를 품고 있어. 지금 당장 무엇을 사지 않아도 모아 두었다가 필요한 물건을 살 수 있거든.

이건 모두 사람들 사이에 돈에 대한 약속이 있기에 가능한 일이야.

003 시장에서의 **가격 결정**

수요가 많으면 물건의 값이 오르고 공급이 많으면 물건의 값이 내리게 되지. 누가 일부러 조정을 해서 되는 게 아니라 시장에서 저절로 합리적인 가격이 만들어지는 것이지.

"이런, 신발이 다 해졌잖아. 새 걸로 사야겠는걸."

신발을 살 때 직접 신발 가게로 가서 살 수도 있고, 인터넷 쇼핑몰을 통해 주문을 할 수도 있어. 이 때 물건을 사려는 사람과 팔려는 사람이 만나는 곳이 바로 '시장'이야.

재래 시장, 백화점과 할인 마트뿐만 아니라 인터넷 쇼핑, 주식을 사고 파는 주식 시장, 노동력을 사고 파는 인력 시장도 모두 시장이란다.

그런데 말이야. 시장엔 '보이지 않는 손'이란 게 있어.

웬 무시무시한 귀신이냐고?

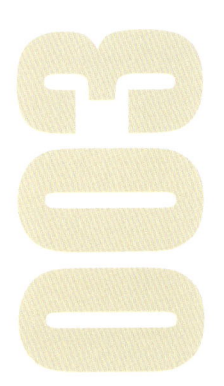

물건을 사려는 사람은 좋은 물건을 싼 값에 사고 싶고, 반대로 파는 사람은 물건을 비싼 값에 팔아 이익을 많이 남기고 싶어 하지. 이 때 물건값을 결정하는 게 바로 '보이지 않는 손'이야.

"수박 한 통에 만 원이요! 만 원!"
"너무 비싸요. 저 앞 가게에선 8천 원이던 걸요."
"에잇, 그럼 9천 원에 합시다."

물건의 가격은 물건을 사고 싶어하는 '수요'와 물건을 팔고 싶어하는 '공급'에 의해 결정돼.

이 때 수요가 많으면 물건의 값이 오르고 공급이 많으면 물건의 값이 내리게 되지. 누가 일부러 조정을 해서 되는 게 아니라 시장에서 저절로 합리적인 가격이 만들어지는 것이지.

영국의 경제학자 애덤 스미스는 이러한 시장의 가격 결정을 가리켜 '보이지 않는 손'이라고 이야기한 거야.

귀할수록 값이 비싼 이유

귀한 것일수록 비싼 값에 팔린다는 것이 '희소성'의 원칙이야. 희소성은 자원의 양은 정해져 있는데 가지고 싶어하는 사람은 많기 때문에 생기는 거란다.

"100만 원에 돌덩이를 팝니다."

어디에서나 흔한 돌덩이를 100만 원에 판다고 하면 모두 미쳤다고 할 거야.

"어른 주먹만한 다이아몬드를 100만 원에 팝니다."

이번엔 어떨까? 사람들이 너도나도 이 다이아몬드를 사기 위해 몰려들 거야.

그런데 **돌덩이와 다이아몬드의 차이는 뭘까?**

바로 '귀하냐, 귀하지 않느냐'의 차이야. 다른 말로는 '희소성'이라고 하지.

귀한 것일수록 비싼 값에 팔린다는 것이 '희소성'의 원칙이야. 희소성은 자원의 양은 정해져 있는데 가지고 싶어하는 사람은 많기 때문에 생기는 거란다.

요즘에는 이러한 희소성을 이용해 물건을 파는 경우도 있어. 우리가 명품이라고 부르는 것들이 그 예인데, 사

모으기도 힘들었겠다.

람들이 가지고 싶어하는 물건을 처음부터 조금만 만드는 거야. 대신 아주 고급스럽게 만들어서 비싼 값에 파는 거지. 하지만 흔하지 않은 물건이라고 해서 무조건 비싸게 팔리는 것은 아니야.

자칭 천재 화가가 있었어. 화가는 평생 동안 단 한 점의 그림만을 그렸어.

"우하하, 이 세상에 하나밖에 없는 그림이니 비싼 값에 팔아야지."

하지만 그림은 비싼 값에 팔리기는커녕 아무도 사려 하지 않았어. 화가는 결국 아주 싼 가격에 그림을 팔아야 했지.

이처럼 가격의 결정에는 희소성도 중요하지만 사람들이 그 물건을 얼마나 갖고 싶어하느냐는 것이 매우 중요해.

흔하지 않은 것일수록, 사람들이 많이 가지고 싶어 하는 것일수록 가격은 비싸진 단다.

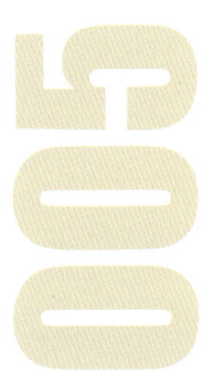

005

선택을 할 땐 기회비용을 생각하자

입 안에서 살살 녹는 달콤한 아이스크림을 선택한 봉팔이는 대신 오후 내내 배고픔을 참아야 했지. 이렇게 아이스크림을 사 먹는 대신 포기한 빵의 값어치를 경제 용어로 '기회비용'이라고 불러.

봉팔이는 오늘도 슈퍼마켓 앞에서 30분째 망설이고 있었어.
"아이스크림을 사 먹을까?"
"하지만 빵도 먹고 싶은데 어쩌지?"
그런데 주머니를 아무리 탈탈 털어 봐도 가진 돈은 500원

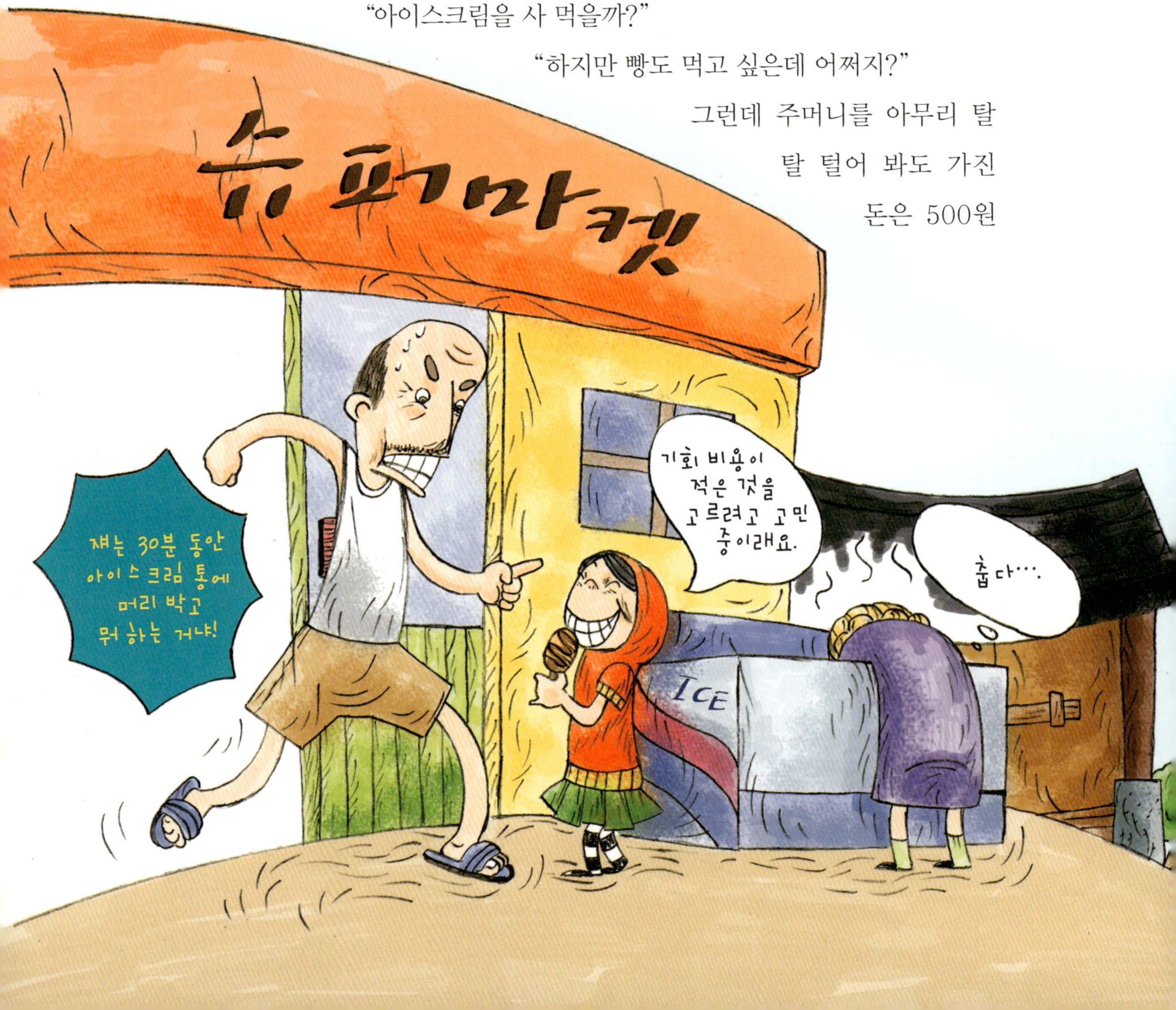

쟤는 30분 동안 아이스크림 통에 머리 박고 뭐 하는 거냐!

기회 비용이 적은 것을 고르려고 고민 중이래요.

춥다….

뿐이었어. 이럴 때 봉팔이는 아이스크림을 사 먹을지 빵을 사 먹을지 선택을 해야 해.

봉팔이뿐만 아니라 세상 모든 사람들은 항상 선택을 해야 해.

아무리 부자라도 이 세상 모든 것을 살 만큼의 돈을 가지고 있지는 않을 테니까 말이야.

봉팔이는 결국 아이스크림을 사 먹었어. 그런데 모든 선택에는 대가가 따르기 마련이야. 입 안에서 살살 녹는 달콤한 아이스크림을 선택한 봉팔이는 대신 오후 내내 배고픔을 참아야 했지.

빵을 사 먹었으면 배고픔은 없었을 텐데 말이야. 이렇게 아이스크림을 사 먹는 대신 포기한 빵의 값어치를 경제 용어로 '기회비용'이라고 불러.

바꿔 말하면 기회비용은 '어떤 선택을 위해 포기한 다른 것으로부터 얻을 수 있었던 이득, 즉 포기에 따른 아픔'이야.

기업이나 나라의 경우에도 마찬가지야.

한 가지의 일을 하거나 제품을 만들기 위해선 다른 일이나 제품을 만들 수 있는 기회를 포기해야 하는 거란다.

그렇다면 후회 없는 선택을 하는 요령은 뭘까?

바로 선택에 따른 아픔이 적은 쪽, 즉 기회비용이 적은 쪽을 선택하는 거야.

006 물가가 오르면 사람들이 힘들어지는 이유

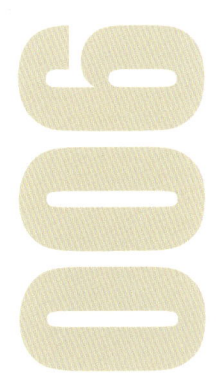

물가가 올랐다는 건 버스 요금과 라면뿐만 아니라 물건의 값이 전체적으로 오르게 되었다는 거야. 이렇게 값이 오른 물건을 사려면 우리는 돈을 더 내야 한단다.

경수는 버스를 타기 위해 요금통에 400원을 넣었어. 그런데 버스 기사 아저씨가 경수에게 이렇게 말했어.

"버스 요금이 올랐으니 오늘부터는 450원을 내야 한다."

어제까지만 해도 400원 하던 버스 요금이 오늘부터는 450원이 된 거야.

"지하철 요금이 900원에서 천 원으로 100원 인상되었습니다."

"이런, 라면 값이 50원이나 올랐잖아."

종종 이런 소리를 들을 때가 있지?

물가란 돈을 주고 살 수 있는 물건들의 평균값을 말해.

그런데 버스 요금이 오르면 지하철 요금이 오르고, 과자값, 학교 수업료 등도 계속해서 따라 오르게 돼.

물가가 올랐다는 건 버스 요금과 라면뿐만 아니라 물건의 값이 전체적으로 오르게 되었다는 거야. 이렇게 값이 오른 물건을 사려면 우리는 돈을 더 내야 한단다.

그럼 월급도 올리면 되지 않냐고?

그런데 문제는 물가가 오른 만큼 월급도 따라 오르기는 힘들다는 거야. 한편으론 월급이 너무 많이 오르면 이 역시 물가를 올리는 요인이 돼. 직원들에게 월급을 많이 주려면 물건 값을 올려야 하기 때문이야.

물가가 오르는 것을 경제 용어로 '인플레이션'이라고 해. 물가가 서서히 오를 경우에는 큰 문제가 되지 않아. 문제는 물가가 갑자기 올랐을 경우야. 돈의 값어치가 떨어져 많은 돈을 내고도 물건을 구할 수 없게 되지.

인플레이션이 심한 나라는 경제가 안정되지 않은 나라야. 날마다 오르는 물가 때문에 사람들은 살기가 힘들어지고 경제는 엉망이 되어 버리기 때문이야.

아빠, 저기 계속 올라가는 게 물가예요?

일자리가 많아야 부자 나라

경기가 좋다는 건 생산과 소비, 투자가 활발하게 이루어지고 있다는 뜻이야. 사람들이 사고 싶은 물건을 살 수 있다는 뜻이기도 하지.

"일자리가 없어. 이제 어떻게 먹고 살지?"

친척이나 이웃들 중에 학교를 졸업한 이후에도 몇 년 동안 일자리가 없어 놀고 있다는 소리를 들어 본 적이 있을 거야. 정말 답답한 일이 아닐 수 없어. 일을 하고 싶지만 일자리가 없으니 말이야.

경제 상황을 '경기'라고 해. 경기는 좋을 때도 있고 나쁠 때도 있어. 경기가 좋다는 건 생산과 소비, 투자가 활발하게 이루어지고 있다는 뜻이야. 사람들이 사고 싶은 물건을 살 수 있다는 뜻이기도 하지.

그런데 경기가 나쁠 때는 소비가 줄어들게 돼. 물건을 사지 않으니 기업은 생산을 줄이고 직원을 내보내게 되고, 실업자가 된 사람들은 물건을 살 돈이 없으니 힘든 생활을 하게 되지. 이렇게 악순환이 계속되다 보면 경기는 더욱 나빠지게 돼.

1929년에서 1939년까지 미국과 유럽을 중심으로 '세계 대공황'이 일어났어. 공황이란 경제 상황이 좋아지지 않고 계속적으로 나빠지는 것을 말해. 극심한 경기 불황으로 빵을 살 돈조차 없는 사람들이 많아지자 미국의 루즈벨트 대통령은 테네시 계곡에 커다란 댐을 건설하고 공공사업을 벌였어. 사람들에게 일자리를 주기 위해서였지.

많은 사람들이 댐 공사를 위해 모여들었고 일한 대가로 임금을 받아갔어.

"이제 돈이 생겼으니 먹을 걸 살 수 있겠어."

"아이들에게 옷을 사 주어야지."

사람들이 돈을 쓰기 시작하자 공장에서는 다시 물건을 만들기 시작했고 기업에서는 직원을 더 뽑아 쓰기 시작하고 실업자들은 줄어들었지. 경기가 좋아진 거야. 어때, 일자리가 많아야 부자 나라라는 뜻을 알 수 있겠지?

800

쇠고기를 파는 나라, 석유를 파는 나라

오랜 옛날부터 사람들은 배를 타고 오랫동안 항해를 하거나 먼 길을 걸어 무역을 하곤 했어. 우리가 알고 있는 실크로드도 동양과 서양의 상인들이 무역을 위해 왕래하던 길이야.

"쇠고기를 팔아 필요한 석유를 사 와야지."

"우리 나라는 석유가 많이 나니 석유를 팔아 자동차를 사 와야지."

나라와 나라끼리 물건을 사고 파는 것을 '무역'이라고 해. 다른 나라에 물건을 파는 것을 '수출', 다른 나라에서 물건은 사 오는 것은 '수입'이라고 해.

사람마다 타고난 재능이 다르듯 나라마다 기후와 자원, 기술력 등에 차이가 있어.

예를 들어 중국과 같은 나라에서는 일을 할 수 있는 노동력이 풍부해 물건을 싸게 만들 수 있어. 미국과 호주 같은 나라는 넓은 들

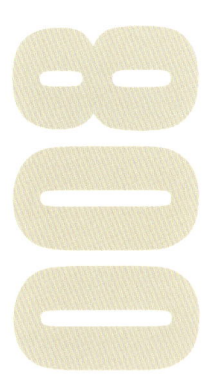

우리는 넓은 들판이 있어 소를 많이 키울 수 있지.

판이 있어 소를 많이 키울 수 있고, 중동의 나라들은 석유와 같은 천연 자원이 풍부해.

 무역의 역사는 무척 오래 되었어. 오랜 옛날부터 사람들은 배를 타고 오랫동안 항해를 하거나 먼 길을 걸어 무역을 하곤 했어. 우리가 알고 있는 실크로드도 동양과 서양의 상인들이 무역을 위해 왕래하던 길이야.

 요즈음엔 마트에 가면 중국에서 온 장난감, 일본에서 온 전자제품, 미국에서 들여 온 밀가루 등, 세계 여러 나라와의 무역으로 수입해 온 상품들이 잔뜩 진열되어 있어. 그만큼 무역이 활발하다는 이야기야.

 이렇게 세계 여러 나라들은 모자라거나 잘 만들지 못하는 것은 사 오고, 잘 만들고 풍부한 자원은 다른 나라에 파는 '무역'을 통해 긴밀한 관계를 맺고 있어.

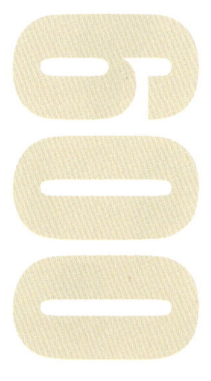

스케치북 하나에도 세금이 붙는 까닭

세금은 나라를 운영해 나가기 위해 국가가 국민들로부터 거두어들이는 '돈' 이야. 우리가 살아가는 데 돈이 필요하듯 국가에서도 국가의 살림을 꾸려 나가기 위해선 돈이 필요해.

'태어나면서 죽을 때까지 나라에 돈을 내야 한다니! 세금이 없는 나라에서 살고 싶다!'

세금을 내지 않고 살 수는 없을까?

불행히도 세금을 내지 않고 사는 방법은 없어. 한 나라에 태어난 모든 국민은 세금을 내야 해. 국가에서 법으로 정해 놓았기 때문이야. 나라에 내야 하는 세금을 내지 않으면 벌을 받을 수도 있어.

세금은 나라를 운영해 나가기 위해 국가가 국민들로부터 거두어들이는 '돈' 이야. 우리가 살아가는 데 돈이 필요하듯 국가에서도 국가의 살림을 꾸려 나가기 위해선 돈이 필요해. 국가는 세금을 가지고 국민들이 더 편안한 생활을 할 수 있도록 여러 가지 일을 한단다.

"세금으로 도로와 공원을 더 만들어 국민들이 편안히 살도록 하자."

"학자들에게 연구비를 지원하고 문화재를 보호하는 데 세금을 더 쓰자."

"생활비를 벌 능력이 없는 노인이나 장애인들에게 생활비를 지급하

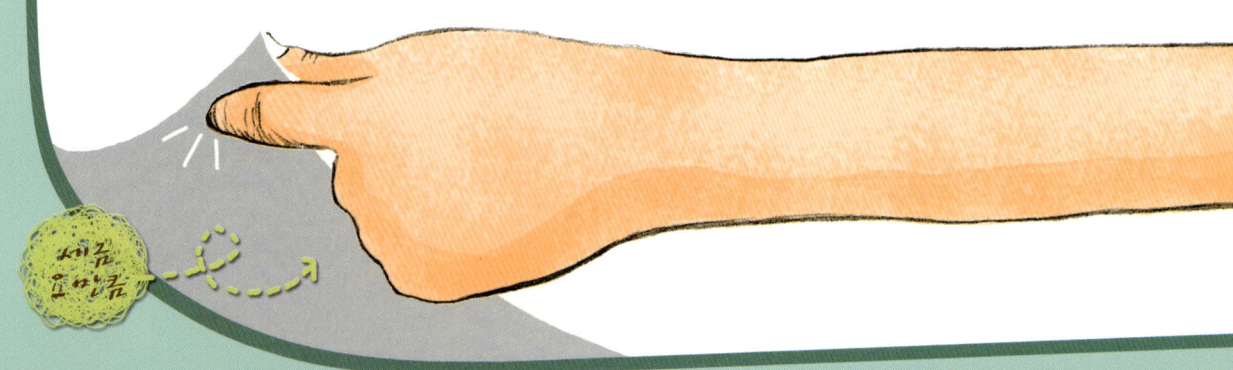

자."

세금은 또 가난한 사람과 부자의 차이를 줄이는 데 쓰이기도 해.

세금은 '직접세'와 '간접세'로 나눌 수 있어.

직접세는 벌어들인 돈을 기준으로 돈을 많이 번 사람은 많이 내고, 돈을 적게 번 사람은 적게 내도록 되어 있어. 소득세와 상속세 등이 여기에 포함돼.

간접세는 물건을 살 때 물건 값에 포함되어 있는 것을 말해. 과자 한 봉지, 음료수 한 병, 스케치북 하나에도 세금이 붙는 까닭이 바로 이 때문이야.

직접세와 달리 물건을 사고 내는 간접세는 부자나 가난한 사람이나 똑같이 내게 되지. 그러니 간접세율이 높아질수록 서민들의 부담이 늘어나게 돼.

세금을 내는 것은 국민의 의무야. 국민들은 성실히 세금을 내고 정부는 국민들을 위해 꼭 필요한 곳에 세금을 사용해야 해.

010 회사의 주인이 되는 주식 거래

주식은 회사의 주인임을 나타내 주는 증서야. 회사에서는 회사를 세우는 데 필요한 자금을 모으거나 회사의 규모를 키우기 위해 주식을 발행하지.

송이는 '달콤해' 초콜릿을 아주 좋아해.

"이 초콜릿 정말 맛있는걸. 나도 이런 초콜릿을 만들어 팔아 볼까? 그럼 돈도 많이 벌 수 있을 거야."

그런데 회사를 만들자니 직원들 월급에, 공장 임대료에 세금까지, 신경을 써야 할 것들이 한두 가지가 아니야.

"음, 회사를 만드는 건 너무 복잡해. 차라리 달콤해 초콜릿 회사의 주식을 사는 게 낫겠어."

그래서 송이는 그 동안 모아 놓은 돈을 모두 털어 달콤해 초콜릿 회사의 주식을 샀어.

"초콜릿 회사의 주식을 샀으니 나도 이제 초콜릿 회사의 주인이야!"

주식은 회사의 주인임을 나타내 주는 증서야. 회사에서는 회사를 세우는 데 필요한 자금을 모으거나 회사의 규모를 키우기 위해 주식을 발행하지.

주식을 가진 사람들을 '주주'라고 해. 송이는 초콜릿 회사의 주식을 샀기 때문에 주주가 된 거야. 송이가 초콜릿 회사의 주식 1%를 샀다면 송이는 회사를 세우지 않고도 회사의 1%를 가진 셈이 되는 거야.

송이가 주주가 된 회사의 달콤해 초콜릿은 아주 잘 팔렸어. 덕분에 회사는 많은 이익을 남기게 되었고 이 이익의 일부를 주주들에게 나누어 주었어. 이것을 '배당금'이라고 해.

게다가 주식의 가격이 올라 5천 원에 샀던 주식이 만 원이 되었어. 그런데 송이에게 갑자기 돈이 필요한 일이 생겼어. 송이는 고민 끝에 달콤해 초콜릿 회사의 주식을 팔아 한 주당 5천 원씩의 이익을 남길 수 있었지.

돈을 사고 파는 은행

은행은 예금 이자와 대출 이자의 차액으로 돈을 벌어. 예금하는 고객에게 적은 이자를 지불하고 대출을 받는 고객에게는 그보다 많은 이자를 받아 수익을 남기는 방법이지.

은행은 11세기 이탈리아의 베네치아에서 처음 생겨났어. 당시 베네치아는 동서양의 무역을 연결해 주는 역할을 했기 때문에 늘 상인들로 붐볐지.

이 때 상인들의 돈을 보관하거나 바꿔 주는 일을 했던 사람들을 '벵카'라고 불렀어. 벵카들은 지금의 은행의 역할을 했던 사람들이야. 이 벵카가 변해서 지금의 '뱅크' 즉, 은행이 된 거야.

송이는 할머니께 용돈으로 받은 만 원을 어떻게 할까 고민하다가 은행에 저축하기로 했어.

은행에 돈을 맡기는 것을 '예금'이라고 해. 반대로 은행에서 돈을 빌리는 것을 '대출'이라고 하지.

그럼 송이가 은행에 맡긴 돈은 어떻게 되는 걸까?

송이가 맡긴 만 원은 은행의 금고 안에 가만히 놓여 있는 것이 아니야. 은행에서는 돈이 필요한 개인이나 회사에 돈을 빌려 주고 이자를 받아. 이 때 이자율을 '금리'라고 하지. 돈을 빌리려는 사람이 많으면 금리가 높아지고 반대로 빌리려는 사람이 없을 때는 금리가 떨어지게 된단다.

은행은 예금 이자와 대출 이자의 차액으로 돈을 벌어. 예금하는 고객에게 적은 이자를 지불하고 대출을 받는 고객에게는 그보다 많은 이자를 받아 수익을 남기는 방법이지.

돈을 사고 파는 은행의 이런 업무를 통해 송이는 은행에 맡긴 만 원에 대한 예금 이자를 받게 되는 거야.

투자가 뭐지?

가장 올바른 투자 방법은 위험을 최소화하면서 수익을 가장 많이 올리는 거야. 그래서 전문가들은 부동산과 주식, 금융 상품에 적절하게 나누어 투자하는 방법을 권하고 있어.

투자란 지금 당장의 만족보다는 미래에 생길 이익을 위한 노력, 혹은 경제 활동을 말해. 너무 어렵다고?

은행에 돈을 넣어두면 안정적으로 이자를 받을 수가 있어. 하지만 요즘처럼 금리가 낮을 때에는 이자를 조금밖에 받을 수 없어. 그래서 사람들은 주식이나 채권, 혹은 부동산에 투자를 하지.

주식은 더 많은 수익을 원하는 사람들이 많이 이용하는 방법이야. 하지만 주식은 가격이 오르면 이익을 보지만 가격이 내려가면 그만큼 손해를 볼 수도 있어.

이거 먹고 예쁜 강아지 많이 낳아 줘.

'고수익 고위험의 법칙'이라는 말을 들어 봤니?

쉽게 말하면 '모든 수익에는 위험이 있으며 위험 없는 수익은 없다.'는 거야. 위험을 감수했을 때 더 많은 돈을 벌 수 있다는 뜻이지.

만유인력의 법칙을 발견한 뉴턴도 주식을 산 적이 있었어. 하지만 주식 가격이 폭락하는 바람에 투자한 돈을 모두 잃고 말았지. 아무리 똑똑한 사람도 주식을 예측하기란 쉬운 일이 아니야.

부동산은 투자 금액이 많고 투자 기간도 길어. 하지만 상가나 빌딩을 다른 사람에게 빌려 주고 임대료를 받을 수도 있고, 부동산 가격이 올라가면 돈을 벌기도 해.

부자가 되려면 저축을 해서 모은 돈으로 적절한 투자를 해야 해.

가장 올바른 투자 방법은 위험을 최소화하면서 수익을 가장 많이 올리는 거야. 그래서 전문가들은 부동산과 주식, 금융 상품에 적절하게 나누어 투자하는 방법을 권하고 있어.

경 / 제 / 실 / 천

'부자 목표'를 정하자

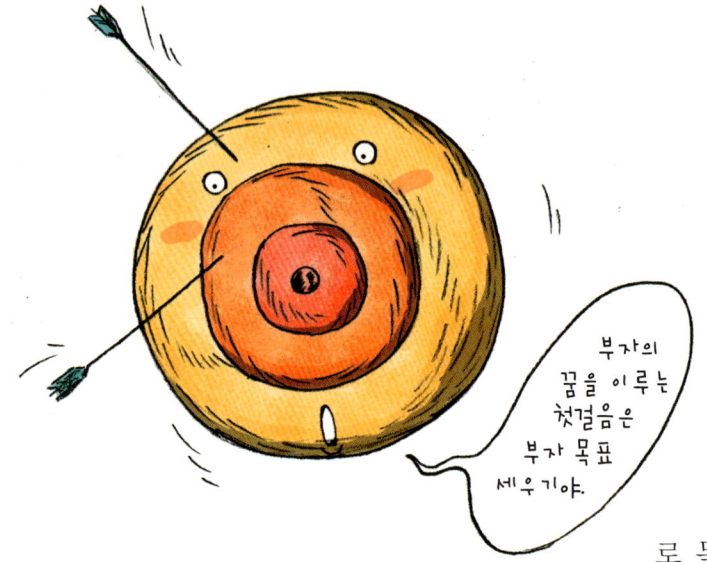

부자의 꿈을 이루는 첫걸음은 부자 목표 세우기야.

사람들은 누구나 성공하고 부자가 되고 싶어한다. 하지만 막연히 부자가 되고 싶다는 생각만으로는 부자가 될 수 없다. 성공이란 자기 스스로 목표를 세우고 이를 이루어낼 수 있느냐, 없느냐에 달려 있다. 부자가 되는 것도 마찬가지이다. 부자 목표를 세우는 것은 부자의 꿈을 이루기 위한 첫걸음이다.

나의 부자 목표 : 빌 게이츠와 같은 세계 최고의 부자가 되겠다.

부자 목표를 세우기 전에 생각해 보아야 할 것들
① 왜 부자가 되고 싶은지 자신에게 물어 보자.
② 내가 원하는 부의 정도를 구체적으로 정하자.
③ 내가 좋아하는 일을 가지고 부자가 될 수 있을지 생각하자.

부자 목표를 세울 때 생각해 보아야 할 것들

① 어떻게 해야 원하는 만큼의 돈을 벌 수 있을까?
② 목표를 이루기 위해 학습하거나 노력해야 할 것들은 무엇일까?
③ 목표를 이루기 위해 희생해야 할 것들은 무엇일까?
④ 주위 사람들에게 도움을 받아야 하는 것은 무엇일까?
⑤ 부자가 되는 목표를 이루었을 때 얻어지는 것은 무엇일까?

목표가 정해졌으면 큰 목소리로 이야기하자. 다른 사람들에게 나의 목표를 알리면 도움도 받을 수 있고 스스로에 대한 다짐도 될 수 있어 일석이조의 효과를 누릴 수 있다.

Rich
Thinking

Thinking

#2
성공한 부자들의 생각 기술

Rich Thinking

013 내가 아니면 누가 부자가 되겠어!
014 부자와 자린고비의 차이
015 부자는 끊임없이 공부하는 사람
016 부자는 황금 같은 시간을 낭비하지 않는다
017 부자는 한 발 앞서 생각하는 사람이다
018 세상에 공짜 점심은 없다
019 최고의 상품은 바로 나 자신이다
020 스스로의 가치를 높이자
021 신용을 잃느니 차라리 돈을 잃는 게 낫다
022 실패는 나의 힘!
023 주는 것이 곧 얻는 것이다
024 부자는 눈앞의 이익만을 위해 일하지 않는다?
경제 실천 _ '부자 계획'을 세우자

Thinking

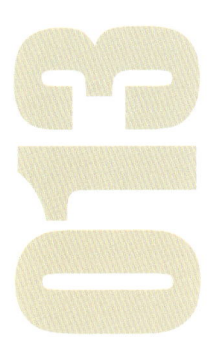

내가 아니면 누가 부자가 되겠어!

생각이 그 사람의 미래를 결정짓는다는 말이 있어. 생각이 바뀌면 행동이 달라지게 마련이고, 행동이 달라지면 미래의 모습도 변하게 마련이야.

"나 같은 아이가 부자가 될 수 있을까?"
"우리 부모님은 가난하니 나도 가난하게 살 수밖에 없을 거야."
혹시 이런 생각을 가지고 있는 친구가 있니?
부모가 물려주신 돈으로 처음부터 부자였던 사람은 흔치 않단다.
마쓰시다 고노스케는 세계적인 가전 회사 '마쓰시다'의 설립자야. **그는 자신의 성공 비결로 '가난, 허약한 몸, 못 배움'을 꼽았어.**

첫 번째, 가난. 집이 무척 가난했던 그는 구두닦이, 신문팔이 등 여러 가지 고생을 하면서 세상을 살아가는데 필요한 경험을 쌓을 수 있었어.

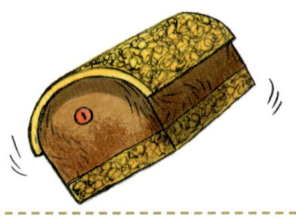

고생도 경험이야.

허약한 몸을 위해 운동!

두 번째, 허약한 몸. 태어날 때부터 몸이 약했기 때문에 항상 알맞게 운동을 하려고 노력했어. 덕분에 나이가 들어서도 건강한 몸을 유지할 수 있었지.

세 번째, 못 배움. 마쓰시다 고노스케는 초등학교도 다니지 못했어. 그는 못 배운 것을 부끄럽게 생각하는 대신 세상 모든 사람을 스승으로 생각하고 누구에게나 물어가며 열심히 배우는 일을 게을리하지 않았어.

생각이 그 사람의 미래를 결정짓는다는 말이 있어. 생각이 바뀌면 행동이 달라지게 마련이고, 행동이 달라지면 미래의 모습도 변하게 마련이야.

부자가 되고 싶니? 그렇다면 지금부터 부자가 된 나를 상상해 봐. 그리고 이렇게 주문을 걸어 보는 거야.

"내가 아니면 누가 부자가 되겠어!"

"난 꼭 부자가 될 거야!"

'할 수 있다'는 마음이 저절로 불끈 솟아나는 걸 느낄 수 있을 거야.

부자와 자린고비의 차이

금덩이가 아무리 많아도 자린고비는 부자라고 할 수 없어. 진정한 부자는 경제가 원활하게 흐를 수 있도록 적절한 소비를 할 줄 아는 사람이란다.

어느 마을에 자린고비 영감이 있었어.

자린고비는 한푼 두푼 모은 돈을 금으로 바꾸어 장롱 깊숙한 곳에 모아 두었어. 매일매일 장롱 속의 금덩이를 쓰다듬는 게 자린고비의 유일한 낙이었지.

그러던 어느 날, 도둑이 들어 자린고비의 금덩이를 몽땅 훔쳐가 버렸어.

"아이고, 내 금덩이. 먹을 것 안 먹고, 입을 것 안 입고 모은 내 금덩이인데, 엉엉~."

그 소리에 동네 사람들이 우르르 몰려나왔어.

인색하기로 소문난 자린고비에게 동네 사람들의 시선이 고왔을 리 없겠지?

"여보게, 그런다고 없어진 금덩이가 다시 나오겠나? 정 그러면 돌덩이라도 가져다 장롱 속에 넣어두게. 어차피 쓰지도 않을 텐데 돌덩이나 금덩이나 무슨 차이가 있겠나?"

돈을 대하는 태도 가운데 가장 좋지 않은 방법이 돈을 쓰지도 저축하지도 않고 집 안에 고이 모셔 두는 거야.

실제로 일본에서 경제가 안 좋아지자 주민들의 소비를 돕기 위해 상품권을 발행했어. 그런데 주민들이 상품권을 쓰지 않고 집에 모아 두는 바람에 경기가 나아지지 않았다고 해.

금덩이가 아무리 많아도 자린고비는 부자라고 할 수 없어. 진정한 부자는 경제가 원활하게 흐를 수 있도록 적절한 소비를 할 줄 아는 사람이란다.

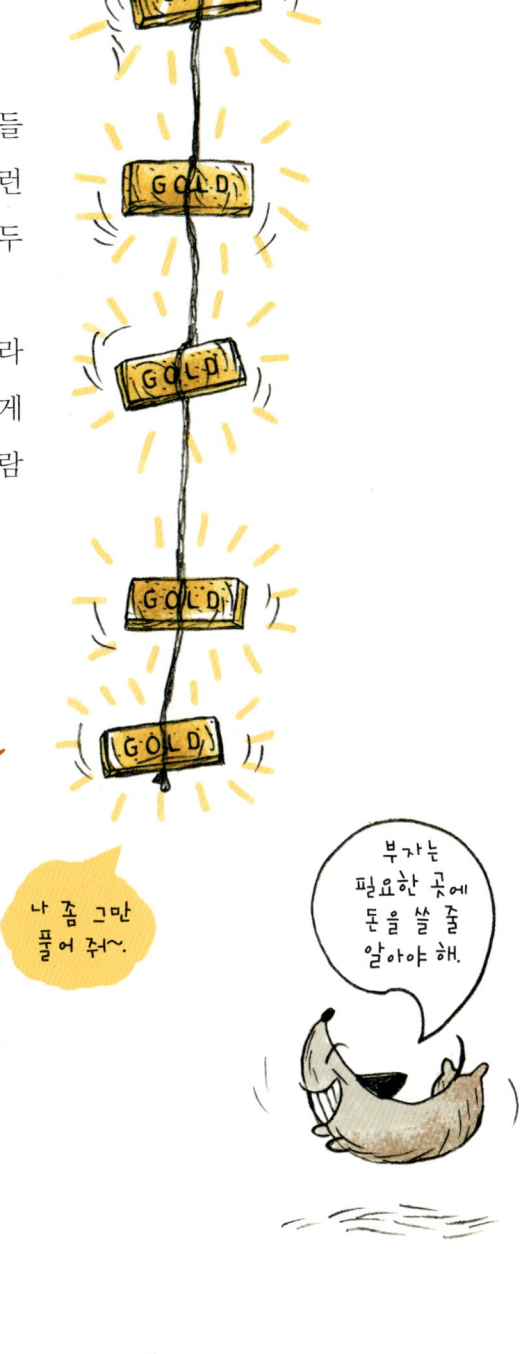

부자는
끊임없이 공부하는 사람

세계적인 투자 전문가 워런 버핏은 하루의 3분의 1 이상을 책을 읽고 자료를 분석하는 데 보낸다고 해.
그는 16살 때 이미 사업에 관련된 책들을 수백 권이나 읽었을 정도였어.

비행기를 타게 되면 짧게는 1시간에서 길게는 10시간이 넘게 한 자리에 앉아 있어야 할 때가 있어.

비행기 의자에 나란히 세 사람이 앉았어.

한 사람은 신문의 경제면을 찾아서 관심 있게 읽어 내려갔어. 옆에 앉은 다른 한 사람은 스포츠나 연예 관련 기사를 읽고 있었고, 또 한 사람은 잠을 자고 있었지.

자, 네가 보기에 어떤 사람이 부자가 될 가능성이 더 많을 것 같니?

그래, 경제 신문을 읽는 사람은 분명 다른 두 사람들보다 돈에 대한 관심이 더 많은 사람일 거야. 그런데 왜 경제 신문을 볼까? 그건 경제의 흐름, 즉 정보를 얻기 위해서야.

세계적인 투자 전문가 워런 버핏은 하루의 3분의 1 이상을 책을 읽고 자료를 분석하는 데 보낸다고 해. 그는 16살 때 이미 사업에 관련된 책들을 수백 권이나 읽었을 정도였어.

"나는 아침에 일어나 사무실에 나가면 자리에 앉아 읽기 시작한다. 읽은 다음에는 여덟 시간 통화하고, 읽을 거리를 집으로 가지고 돌아와 저녁에 또다시 읽는다."

　정보가 곧 투자의 성공과 이어지는 주식 시장에서 워런 버핏이 마이더스의 손으로 불릴 수 있었던 것은 바로 이 같은 독서 습관 때문일 거야.

　네가 만약 부자가 되고 싶다면 먼저 돈과 경제에 대해 관심을 가져야 해. **돈과 경제에 대한 지식과 정보 없이 부자가 되겠다는 건 방법과 규칙을 모르고 게임을 하겠다는 것과 마찬가지야.**

　부자가 되고 싶니? 그렇다면 경제에 대해 관심을 가지고 끊임없이 공부를 해야 한단다.

부자는 황금 같은 시간을 낭비하지 않는다

시간은 누구에게나 공평해. 똑같이 주어진 시간을 어떻게 쓰느냐에 따라 그 사람의 미래가 달라지게 되어 있지.

벤자민 프랭클린은 독립선언서를 작성한 미국의 대표 인물 가운데 한 사람이야. 프랭클린은 피뢰침을 발명하고 사업가로서도 성공한 삶을 살았어.

'시간은 금이다.'라는 말을 들어 본 적이 있지? 이 말은 프랭클린의 일화에서 유래되었다고 해.

프랭클린이 젊은 시절 서점에서 일을 하고 있을 때의 이야기야. 프랭클린이 카운터에 앉아 책을 읽고 있는데 한 손님이 책값이 얼마냐고 물었어.

"네, 5달러입니다."

손님은 책을 사지 않고 밖으로 나갔어. 그런데 얼마 후 그 손님이 다시 똑같은 책을 들고 와서 얼마냐고 물었지.

아까랑 왜 가격이 다른 거요?

"6달러입니다."

"아니, 아까는 5달러라고 하지 않았소?"

손님이 항의하듯 물었어.

그러자 프랭클린이 정중하지만 단호한 목소리로 말했어.

"손님은 제 귀중한 시간을 빼앗았습니다. 시간은 곧 돈이기 때문이지요."

이렇듯 프랭클린은 아주 작은 시간도 소중히 여기는 좋은 습관을 가지고 있었단다. 후에 사람들은 프랭클린의 '시간은 돈이다.' 라는 말을 '시간은 금이다.' 로 바꾸어 쓰고 있어.

시간은 누구에게나 공평해. 똑같이 주어진 시간을 어떻게 쓰느냐에 따라 그 사람의 미래가 달라지게 되어 있지.

시간을 소중히 여길 줄 아는 사람은 일이나 공부를 할 때 잡담을 늘어놓으며 시간을 낭비하는 어리석은 짓은 하지 않아. 가장 중요한 순간은 바로 지금 이 순간이니까.

07  부자는 한 발 앞서 생각하는 사람이다

올리브 농사를 지었던 사람이라면 누구나 올리브의 풍작을 예상했을 거야. 하지만 탈레스는 여기에서 끝나지 않고 올리브의 풍작을 이용해 돈을 벌 수 있는 방법을 생각해 냈어.

탈레스는 고대의 정치가이며 수학자로 널리 알려진 인물이야. 그는 한때 상인으로 많은 돈을 벌기도 했어.

어느 날 탈레스가 올리브 농장을 지날 때였어. 가지마다 주렁주렁 열린 올리브 열매가 탈레스의 눈에 들어왔지.

"오호, 올해는 올리브가 풍작이겠는걸. 옳지, 그렇다면……."

탈레스는 그 길로 올리브 기름을 짜는 기계에 대한 전매권을 얻어냈어. 전매권은 어떤 물건을 혼자서만 팔 수 있도록 정부에서 특허를 내준 권리를 말해.

과연 탈레스의 예상대로 그 해 올리브 농사는 대풍년이었어. 사람들은 너도나도 올리브에서 기름을 짜기 위해 착유기를 찾았지. 그런데 착유기란 착유기는 모두 탈레스가 갖고 있는 거야. 사람들은 탈레스에게 모여들었고, 탈레스는 착유기를 빌려 주고 많은 돈을 벌 수 있었어.

올리브 농사를 지었던 사람이라면 누구나 올리브의 풍작을 예상했을 거야. 하지만 탈레스는 여기에서 끝나지 않고 올리브의 풍작을 이용해 돈을 벌 수 있는 방법을 생각해 냈어.

'다른 사람보다 한 발 앞서 생각해 내는 것'. 이 점이 바로 부자와 보통 사람들의 차이야.

　하지만 생각으로 끝나서는 안 돼. 일을 추진하는 결단력과 노력이 따라야 해. 탈레스는 아마 착유기의 전매권을 얻어내기 위해 많은 노력을 기울였을 거야.

　사람들은 흔히 실패를 했을 때 "운이 따르지 않았어." 하고 원망을 하지. 반면 **부자들은 행운을 기대하기보다는 운을 자기편으로 만들기 위해 노력한단다.**

　부자는 남보다 한 발 앞서 생각하는 사람이야. 부자가 되려면 '주어진 기회를 적극적으로 활용해야 한다.'는 것을 잊지 말자.

세상에 공짜 점심은 없다

세상은 자기가 준 만큼 대접받고 노력한 만큼 되돌려 받게 되어 있어. 무언가를 얻기 위해서는 그만큼 노력을 기울이거나 다른 무언가를 포기해야 해.

옛날에 한 늙은 왕이 신하들에게 세상의 지혜를 모두 모은 책을 만들도록 명령했어. 얼마 후, 신하들은 온 세상에 있는 지혜의 책들과 현명한 사람들의 의견을 모아 열두 권의 책을 만들어 왕에게 바쳤어.

"훌륭한 책이지만 너무 두껍고 방대하구나. 사람들이 다 읽지 못할 터이니 내용을 줄이도록 하여라."

신하들은 왕의 명령을 받들어 열두 권의 책을 한 권으로 만들어 바쳤어. 그래도 왕은 너무 길다며 다시 줄이라고 했어. 그래서 한 권의 책은 한 장의 종이로, 한 장의 종이는 한 단락으로, 한 단락은 결국 한 구절의 말로 요약되었어.

'세상에 공짜 점심은 없다.'

그제야 왕은 고개를 끄덕이며 흡족한 미소를 지었어.

"음, 세상을 살아가는데 꼭 필요한 지혜 중의 지혜로다. 사람들에게 널리 알리도록 하여라."

세상은 자기가 준 만큼 대접받고 노력한 만큼 되돌려 받게 되어 있어. 무언가를 얻기 위해서는 그만큼 노력을 기울이거나 다른 무언가를 포기해야 해. 이것을 '세상에 공짜 점심은 없다.' 라고 하지. 이 말은 경제 용어로도 널리 쓰여.

주식 투자를 한다고 생각해 보자. 오르락내리락하는 주식 가격을 정확히 예측할 수 있는 사람은 아무도 없어. 손해를 보지 않기 위해서는 시간과 노력을 들여 주식에 대해 많은 공부를 해야겠지.

그런데 다른 사람의 말만 듣고 쉽게 투자를 했다가는 손해를 보기 쉬워. 노력을 하지 않고 쉽게 돈을 벌려다가 낭패를 보는 경우이지.

대가 없이는 아무것도 얻을 수 없어. 부자는 '공짜 점심은 없다.'라는 말의 뜻을 누구보다 잘 알고 있는 사람이야.

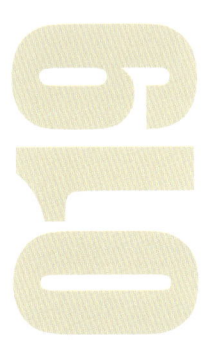

019 최고의 상품은 바로 나 자신이다

캐롤라인이 주주들에게 판 '재능주'는 다르게 말하면 '캐롤라인의 미래'라고 할 수 있어. 자신의 미래에 대한 확고한 신념이 있었기 때문에 재능주의 판매가 가능했다는 건 말할 필요도 없겠지?

캐롤라인은 음악을 공부하고 싶어하는 평범한 여학생이었어.

그런데 가난한 집안 사정 때문에 어렵게 합격한 음대에 진학하기가 힘든 상황이었지.

"이대로 내 꿈을 포기할 순 없어. 난 재능도 있고 누구보다 훌륭한 음악가가 될 자신이 있단 말이야."

그 때 캐롤라인의 머릿속에 기발한 생각이 떠올랐어.

"맞아. 꼭 회사만 주식을 발행하란 법은 없잖아. 나를 대상으로 주식을 발행하는 거야."

캐롤라인은 '재능주를 사세요.'라는 제목으로 조그만 광고를 냈어. 자신의 음악적 재능에 대한 소개와 함께 음대 합격증도 함께 인쇄하여 실었지.

그런데 결과는 정말 놀라웠어. 광고를 본 사람들이 너도나도

캐롤라인의 재능주에 투자하겠다고 모여든 거야. 캐롤라인은 금세 2만 파운드라는 큰돈을 모을 수 있었어.

캐롤라인은 여기에서 끝나지 않고 해마다 자신의 재능주를 산 주주들을 초청해서 자신의 대학 성적표를 공개했어. 자신이 얼마나 열심히 노력하고 있는가를 알리기 위해서였지. 또 주주들의 돈이 어떻게 쓰였는지 명세와 함께 재무제표까지 작성해 주주들에게 신뢰를 심어 주었어.

캐롤라인이 주주들에게 판 '재능주'는 다르게 말하면 '캐롤라인의 미래'라고 할 수 있어. 자신의 미래에 대한 확고한 신념이 있었기 때문에 재능주의 판매가 가능했다는 건 말할 필요도 없겠지?

캐롤라인처럼 '최고의 상품은 바로 나 자신이야.'라고 생각하자. 부자가 되는 것도 꿈을 이루는 것도 모두 '나' 이기 때문에 가능한 일임을 잊지 말자.

스스로의 가치를 높이자

우리는 일을 하고 노력한 만큼 대가를 받아. 자신의 가치와 능력에 맞게 돈을 받는 건 당연해. 당당하게 자신의 가치에 대한 대가를 요구할 줄 알아야 해.

사람들은 부동산이나 주식의 가치가 오르면 기뻐하지. 그런데 정작 스스로의 가치를 높이기 위해서는 어떤 노력을 기울이고 있을까?

헤밍웨이는 '노인과 바다', '누구를 위하여 종을 울리나' 등을 쓴 미국의 대표적인 작가 중 한 사람이야.

그런데 헤밍웨이는 원고료를 비싸게 받기로 유명했어. 심한 경우에는 원고료 문제로 기존 출판사와의 계약을 파기하고 다른 출판사에 원고를 넘기기도 했어. 이런 헤밍웨이를 안 좋게 보는 사람들도 많았지.

"헤밍웨이는 돈을 너무 밝혀."

"작가가 돈에 연연해 약속을 저버

나의 가치와 능력에 맞는 대가를 당당하게 요구했을 뿐이야.

멋진데~!

리다니."

이런 모습을 안타깝게 여긴 한 친구가 헤밍웨이에게 이렇게 물었어.

"헤밍웨이, 자네는 세계적인 작가인데 왜 아무것도 아닌 돈에 그렇게 신경을 쓰는 건가?"

그러자 헤밍웨이는 단호한 말투로 이렇게 말했어.

"그 아무것도 아닌 돈 때문에, 아무것도 아닌 사람들이, 나를 아무것도 아닌 사람으로 취급할까 봐 그렇다네."

물론 돈을 비싸게 받는다고 해서 스스로의 가치가 올라가는 것은 아니야. 헤밍웨이의 원고가 가치가 없다고 생각했다면 아무도 비싼 원고료를 주고 책을 내려 하지 않았을 테니까.

우리는 일을 하고 노력한 만큼 대가를 받아. 자신의 가치와 능력에 맞게 돈을 받는 건 당연해. 당당하게 자신의 가치에 대한 대가를 요구할 줄 알아야 해.

돈으로 사람을 판단해선 안 되지만 돈은 그 사람의 능력을 평가하는 가장 중요한 수단의 하나야.

땀과 노력으로 스스로의 가치를 높여 가는 사람이 결국은 성공하는 사람이야.

신용을 잃느니
차라리 돈을 잃는 게 낫다

신용을 쌓는 데는 오랜 시간과 노력이 들지만 신용을 잃는 것은 한순간이야. "신용을 잃은 자는 이 세상에서 죽은 것이다." 좀 섬뜩한 말이지만 이 말은 사실이야.

중국의 유명한 선박왕 바오위강은 신용을 목숨만큼 소중히 여기는 사람이었어. **사람들은 바오위강의 말 한 마디가 계약서보다 백배 천배 더 믿을 만하다고 생각했을 정도였으니까.**

바오위강이 화물선을 임대해 주는 사업에 뛰어들었을 때의 일이야. 바오위강은 화물선을 홍콩의 한 상인에게 6개월 동안 빌려 주기로 했어. 홍콩 상인은 무슨 일이 있어도 임대 기간을

신용을 잃은 사람과는 거래할 수 없소!

임대료를 두 배로 줄 테니 화물선을 더 빌려 주게.

신용이 중요해!

넘기지 않겠다고 맹세를 했고 배를 빌려 갔지.

그런데 임대 기간이 끝나갈 때쯤 갑자기 선박 운임이 하늘 높은 줄 모르고 치솟기 시작했어. 홍콩 상인은 임대 기간이 끝났는데도 온갖 핑계를 대며 화물선을 바오위강에게 돌려 주지 않으려고 했어.

"바오위강, 임대료를 두 배로 줄 테니 화물선을 더 빌려 주게."

홍콩 상인은 돈다발을 바오위강 앞에 내보이며 계약을 연장해 달라고 했어.

"당신은 신용을 져버렸소. 돈을 아무리 많이 준다고 해도 당신에게는 더 이상 배를 빌려 줄 수 없소."

바오위강은 단호하게 화물선을 돌려받았어. 그러고는 신용을 잘 지키기로 소문난 다른 상인에게 배를 임대해 주었어. 홍콩 상인이 주겠다는 돈의 절반밖에 되지 않는 돈이었지.

오래지 않아 선박의 운임 값은 폭락을 하고 말았어. 무리해서 다른 화물선을 비싸게 빌려온 홍콩 상인은 폭삭 망하고 말았지. 만약 홍콩 상인에게 배를 계속 빌려 주었다면 바오위강도 함께 망하고 말았을 거야.

"신용을 잃은 자는 이 세상에서 죽은 것이다."

좀 섬뜩한 말이지만 이 말은 사실이야.

신용을 쌓는 데는 오랜 시간과 노력이 들지만 신용을 잃는 것은 한순간이야. 신용은 가장 큰 재산이야. 부자가 되려면 가장 중요하게 생각해야 할 것이 바로 신용이야.

실패는 나의 힘!

사람은 누구나 실패를 겪으며 성장해. 실수했다고 속상해하거나 실패를 무서워할 필요는 없어. 실수나 실패는 새로운 배움을 얻는 자연스러운 과정의 하나라고 생각하렴.

축음기, 전신, 영화 등 천여 개가 넘는 특허를 낸 발명왕 에디슨. 하지만 천재 에디슨도 한 가지의 발명품을 만들어 내기까지 많은 실패를 경험했어.

에디슨은 전구를 만드는 데 적합한 필라멘트를 찾기 위해 수천 번의 실험에 실패했어. 마침내 전구를 발명한 에디슨은 지나간 실패에 대해 이렇게 말했어.

"그건 실패가 아니었습니다. 다만 필라멘트에 적합하지 않은 물질을 그만큼 발견했을 뿐이지요."

성공한 사람들의 공통점이 무엇인 줄 아니?

그건 바로 결코 실패에 굴하거나 포기하지 않았다는 거야. 실패는 누구에게나 힘들고 고통스러운 일이야. 하지만 실패를 딛고 다시 일어설 수 있다면 그건 결코 실패가 아니야.

'실패를 경험하지 못한 사람은 진정한 승리가 무엇인지 모른다.'는 말이 있어.

자전거를 처음 배울 때를 생각해 봐. 수없이 넘어지고 다시 타기를 반복하다 보면 어느 순간 자전거를 타고 쌩쌩 달리고 있는 나를 발견할 수 있었을 거야.

그 때 기분이 어땠니? 아마 세상을 다 얻은 것처럼 기뻤을 거야.

사람은 누구나 실패를 겪으며 성장해. 실수했다고 속상해하거나 실패를 무서워할 필요는 없어. 실수나 실패는 새로운 배움을 얻는 자연스러운 과정의 하나라고 생각하렴.

'실패한 만큼 성공에 더 가까워진다.'

성공한 사람들의 가장 큰 특징은 실패를 두려워하지 않았다는 점이야.

내 덕분에 네가 있는 거야.

주는 것이 곧 얻는 것이다

덮밥 맛도 좋았지만 주인의 훈훈한 마음씨 때문에 음식점을 찾는 사람은 점점 더 많아졌어. 입에서 입을 통해 알려져 덮밥 집은 그 지방에서 아주 유명한 음식점이 되었지.

일본의 한 음식점 주인의 이야기야.

그 집의 주 메뉴는 일본식 덮밥이었어. 그런데 덮밥도 맛있었지만 음식점 주인이 특별히 조리한 양파 절임의 인기가 매우 좋았어. 손님들은 일부러 양파 절임을 먹기 위해 음식점을 찾기까지 할 정도였지.

어느 날 한 손님이 무척 미안한 얼굴로 주인에게 말했어.

"멀리 계시는 부모님께 양파 절임 맛을 보여드리고 싶습니다. 양파 절임을 살 수 있을까요?"

"물론입니다. 대신 양파 절임은 판매하는 상품이 아니니 그냥 드리겠습니다."

주인은 돈을 받지 않고 손님에게 양파 절임을 싸주었어.

양파 절임은 이후에도 인기가 아주 좋았어. 가져가거나 택배를 원하는 사람도 많아서 포장도 점점 늘어났어. 그러다보니 일 년이면 몇백 개의 양파 절임을 손님들에게 택배로 보내게 되었지. 하지만 주인은 처음처럼 돈을 전혀 받지 않았어. 오히려 손님들이 돈을 보내 오면 그 돈을 모두 돌려보냈어.

덮밥 맛도 좋았지만 주인의 훈훈한 마음씨 때문에 음식점을 찾는 사람은 점점 더 많아졌어. 입에서 입을 통해 알려져 덮밥 집은 그 지방에서 아주 유명한 음식점이 되었지.

이뿐만이 아니야. 주인은 양파 절임을 택배로 보내 주었던 것을 경험으로 덮밥을 냉동해 손님들에게 판매하는 음식 사업을 시작했어. 물론 사업도 성공해서 주인은 많은 돈을 벌 수 있게 되었어.

주는 것에 인색한 사람은 작은 부자는 될 수 있겠지만 사람들에게 존경을 받는 큰 부자는 될 수 없을 거야.

존경받는 부자가 되고 싶다면 '주는 것이 곧 얻는 것이다.' 라는 사실을 꼭 기억하렴.

부자는 눈앞의 이익만을 위해 일하지 않는다?

부자는 돈이 많으니 돈을 위해 일하지 않는다는 걸까? 그렇지는 않아. 부자도 돈을 벌기 위해 일을 해. 다만 지금 당장 주머니에 들어오는 돈만을 바라보고 일하지는 않는다는 거야.

돈에 관해 사람들이 가장 많이 하는 거짓말은 무엇일까?

바로 "돈은 중요하지 않아.", "난 돈에 관심 없어."라는 말이야.

하지만 정말 그럴까?

돈 없이도 행복할 수 있는 사람은 많지 않아. 우리가 매일 먹고 자고 입는 기본적인 생활들이 돈이 없으면 불가능하기 때문이야.

그런데 돈을 벌기 위해 일하다 보면 늘 돈에 쫓기게 되고 생활에 여유가 없어지게 돼. 돈이 부족하면 부족한 대로 많으면 많은 대로 늘 불만에 쌓여 생활하게 되지.

그럼 부자는 돈이 많으니 돈을 위해 일하지 않는다는 걸까? 그렇지는 않아. 부자도 돈을 벌기 위해 일을 해. 다만 지금 당장 주머니에 들어오는 돈만을 바라보고 일하지는 않는다는 거야.

부자들이 일을 하는 기준을 살펴볼까?

'일을 통해 새로운 사업 아이디어를 얻을 수 있는 일'

'지금 당장 받는 돈은 많지 않지만 시간이 흐를수록 가치가 증대되는 일'

'일을 통해 기능을 습득하거나 자신을 발전시킬 수 있는 일'
'오랫동안 지속할 수 있는 일'

하루에 10만 원을 받을 수 있지만 미래의 가능성이 없는 일과 하루에 3만 원을 벌지만 이 일을 통해 미래의 많은 가능성과 기회를 얻을 수 있다면 어떤 일을 선택해야 할까?

어떤 선택을 하느냐에 따라 미래는 엄청나게 달라질 거야.

지금 당장 큰 수익이 나지 않더라도 정말로 열심히 땀을 흘리며 일했다면 그 대가는 반드시 돌아오게 되어 있어.

우리는 돈을 벌기 위해 일을 하는 게 아니라 열심히 일을 한 결과 돈을 벌게 되는 거야. 부자가 되려면 당장의 돈보다 미래의 가치를 위해 일해야 한다는 걸 기억하자.

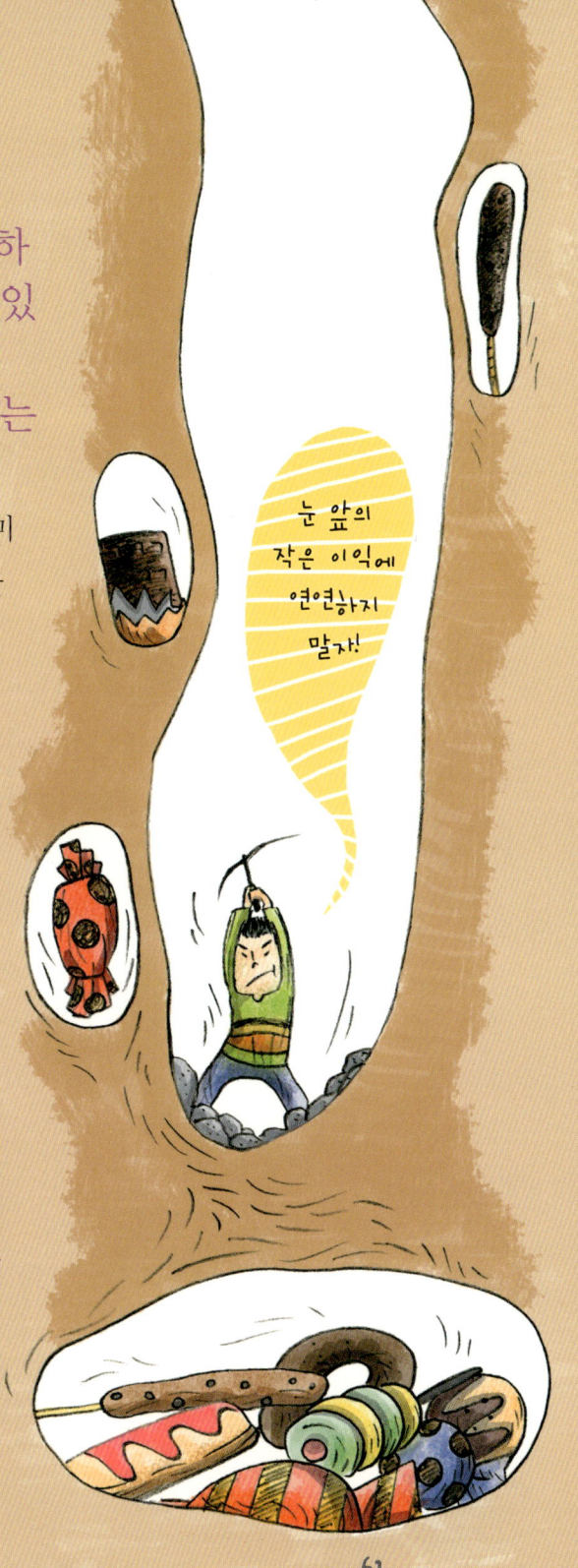

눈 앞의 작은 이익에 연연하지 말자!

경 / 제 / 실 / 천

'부자 계획'을 세우자

두 사람이 사막의 시작에 서 있다. 두 사람의 목표는 사막을 건너는 것이다.

한 사람은 사막을 건널 수 있는 지도를 가지고 있고 또 한 사람은 아무 것도 가지고 있지 않다. 두 사람 중 누가 먼저 사막을 건널 수 있을까?

계획을 세우지 않는 것은 지도 없이 사막을 헤매는 것과 같다.

부자가 되는 것도 마찬가지이다. 부자 목표를 정했다면 목표를 이루기 위한 구체적인 계획을 세워야 한다.

먼저 종이에 지금 당장 할 수 있는 단기 계획과 먼 미래를 내다본 장기 계획으로 나누어 적도록 하자.

이름 : 김지우
부자 목표 : 빌 게이츠와 같은 세계 최고의 부자가 되겠다.

▶ 단기 계획
지금 당장 실천할 수 있는 계획을 말한다. 구체적으로

실천할 수 있는 계획을 적도록 하자.

(단기 계획의 예)

① 이번 달에 만 원을 저축하겠다.

② 간식비를 일 주일에 천 원으로 줄 이겠다.

③ 집안일을 돕고 용돈을 번다.

▶ 장기 계획

현재에 할 수 있는 것에서부터 먼 미래의 것까지 순서대로 적는다.

(장기 계획의 예)

① 올 한 해 동안 12만 원을 모으겠다.

② 20살이 될 때까지 천만 원을 모으겠다. 이 돈을 주식과 부동산에 투자해 사업 밑천을 마련하겠다.

③ 30살에는 내가 좋아하는 일의 특성에 맞는 아이디어로 나만의 사업을 시작하겠다.

④ 40살에는 우리 나라에서 최고의 회사를 만들겠다.

⑤ 50살에는 세계 각 지역에 지사를 가진 세계 최고의 부자가 되겠다.

Rich Friendship

Friendship

Friendship

#3

나를 **부자**로 만드는 특별한 <u>친구 관계</u>

Rich Friendsh

025 친구와 정보는 같은 이름
026 나는 날마다 새로운 친구를 사귀겠습니다
027 칭찬과 이익은 함께 나누자
028 돈 한 푼 들이지 않고 내 편으로 만드는 칭찬
029 서로 도와야 진짜 친구
030 빌린 돈은 반드시 갚자
031 얻어먹기만 좋아하는 건 얄미워!
032 비싼 옷으로 친구를 판단하지 말자
033 친구의 능력을 믿자
034 돈을 쓰는 데에도 요령이 있다
035 친구를 도울 땐 친구의 기분을 생각하자
036 친구의 도움으로 다시 일어설 수 있었던 마크 트웨인
경제 실천 _ 친구에게 호감을 주는 비법

Friendship

025

친구와 정보는 같은 이름

부자가 될 수 있는 사람은 정보를 많이 가지고 있는 사람이야. 친구가 많다는 건 그만큼 정보를 얻을 수 있는 기회가 많다는 말이야. 정보와 친구는 하나로 이어져 있다는 걸 잊지 마.

엘바 섬을 탈출한 나폴레옹이 워털루에서 연합군과 전투를 벌일 때의 일이야.

"틀림없이 이번 전투는 연합군의 패배로 끝날 거야."

"재산을 처분해 안전한 다른 곳으로 옮겨 가야겠어."

당시에 영국의 귀족들은 서둘러 자신의 재산을 팔아 치웠어. 그런데 유독 한 사람, 귀족들이 내놓은 재산을 헐값에 사들인 사람이 있었어. 바로 금융의 귀재 로스 차일드였어.

전투의 결과는 어떻게 되었냐고? 워털루 전투는 연합군의 승리로 끝나고 로스 차일드는 큰돈을 거머쥘 수 있었지. 그는 전 유럽에 살고 있는 자신의 인맥으로부터 입수한 정보로 나폴레옹이 패배할 것이라는 사실을 미리 예상했던 거야.

어때? 정보의 중요성을 알 수 있겠지?

그런데 이런 경우는 주변에서도 흔히 생길 수 있어. 예를 들어 필통을 살 일이 생겼다고 생각해 봐. 친구들에게 어느 문방구에 가야 필통을 더 싸게 살 수 있는지 물어 볼 수 있을 거야.

"길 건너 문방구에 가면 학교 앞 문방구보다 100원을 싸게 살 수 있어."

"우리 동네 문방구에서는 200원이나 더 싸게 팔던걸."

그런데 반대로 이런 정보를 혼자만 알고 있으려고 하는 친구도 있어.

'싸고 좋은 물건을 파는 곳은 나만 알고 있어야지.'

아마 이런 생각을 하는 아이에게는 친구들도 유용한 정보를 말해 주려 하지 않을 거야.

부자가 될 수 있는 사람은 정보를 많이 가지고 있는 사람이야. 친구가 많다는 건 그만큼 정보를 얻을 수 있는 기회가 많다는 말이야.

정보와 친구는 하나로 이어져 있다는 걸 잊지 마.

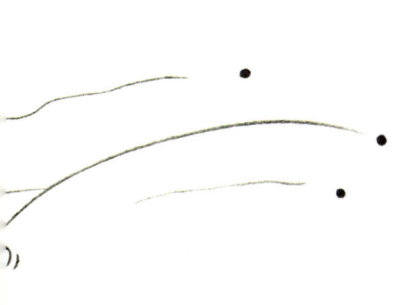

나는 날마다 새로운 친구를 사귀겠습니다

이 영업 사원은 물건을 팔아야 할 '고객'을 친구로 표현했어. 고객을 친구 대하듯이 친근하고 진실하게 대하겠다는 의미였지.

새 학년이 되었을 때를 한번 생각해 볼까? 처음부터 새로운 친구들을 사귀는 게 쉽지는 않았지? 그럴 때 어떻게 해야 친구를 사귈 수 있었니?

아마 마음을 터놓고 스스럼없이 다가갔을 때 친구도 나에게 마음을 여는 것을 느낄 수 있었을 거야.

어느 대기업에 수석으로 입사한 영업 사원의 자기소개서에는 이런 말이 써 있었다고 해.

'나는 날마다 새로운 친구를 사귀겠습니다.'

그 영업 사원은 좋은 학교를 나오지도, 학교 성적이 월등히 뛰어난 것도 아니었어. 그런데 면접관들은 왜 이 영업 사원에게 좋은 점수를 주었을까?

영업 사원은 회사의 물건을 다른 회사나 소비자에게 판매하는 사람이야. 이 영업 사원은 물건을 팔아야 할 '고객'을 친구로 표현했어. 고객을 친구 대하듯이 친근하고 진실하게 대하겠다는 의미였지.

그런데 새로운 고객을 많이 만나는 것만큼이나 중요한 일이 있어. 바로 이미 알고 있는 고객들을 유지하는 일이야. 유능한 영업 사원일수록 고객들에 대한 관리가 철저하단다.

친구 사이에서도 마찬가지야. 아무리 친했던 친구라도 자주 만나지 않으면 서먹해지기 마련이거든.

이럴 때를 대비해 자주 만나지 못하는 친구들에게는 전화나 이메일을 통해 자주 연락을 하도록 하자. 또 친구의 생일을 기억해 두었다가 축하한다는 말을 전하는 것도 잊지 말자.

친구도 고객과 마찬가지야. 고객을 대하듯 친구들에게 정성을 다하면 어느 새 내 주위에 많은 친구들이 생기게 될 거야.

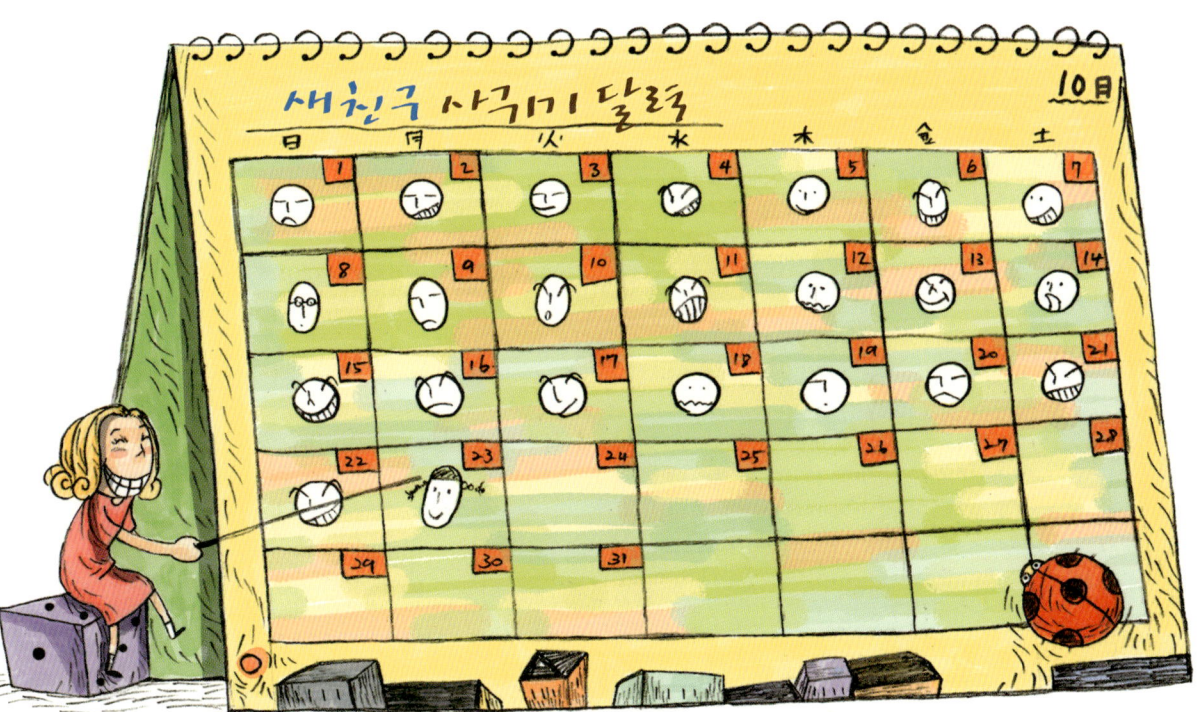

칭찬과 이익은 함께 나누자

우리는 일을 통해 칭찬을 받을 수도 있고 또 얼마간의 돈을 벌게 될 수도 있어. 그런데 일을 하다 보면 내가 투자한 시간과 비용은 크게 보이고 다른 사람의 힘과 노력은 잊어버리게 되는 경우가 많아.

오늘 선영이는 기분이 무척 좋았어. 학교에서 열린 알뜰 시장에서 선영이네 반이 제일 많은 판매 수익을 올렸기 때문이야.

"얘들아, 정말 수고 했다. 선영아, 혜숙아 정말 수고했구나."

그런데 선영이는 선생님의 말씀에 서운한 마음이 들었어.

'치, 내가 훨씬 더 중요한 일을 했는데, 혜숙이와 날 똑같이 칭찬하시다니.'

선영이는 알뜰 시장을 여는 데 필요한 전체적인 준비와 일정을 총괄했기 때문에 다른 사람보다 훨씬 더 많이 칭찬을 받을 줄 알았거든.

터덜터덜 집으로 돌아가는 길에 혜숙이가 헐레벌떡 선영이를 뒤쫓아

왔어.

"선영아, 오늘 알뜰 시장에서 우리가 내놓은 물건이 가장 인기가 좋았어. 모두 함께 열심히 했기 때문에 가능한 일이었어."

'모두 함께 해서 가능했다고?'

혜숙이의 말에 선영이는 그 동안의 일을 되돌아보게 되었어. 사실 혜숙이와 반 친구들이 알뜰 시장에 내놓을 옷을 분류하고 정리하느라 애쓴 것을 선영이도 알고 있었거든.

우리는 일을 통해 칭찬을 받을 수도 있고 또 얼마간의 돈을 벌게 될 수도 있어. 그런데 일을 하다 보면 내가 투자한 시간과 비용은 크게 보이고 다른 사람의 힘과 노력은 잊어버리게 되는 경우가 많아.

어떤 때는 칭찬이나 이익을 독차지하고 싶은 마음이 생기기도 해. 그래서 친구나 동료 사이에 오해가 생기고 심지어 일이 틀어져 버리는 경우도 있어.

이런 일이 생기지 않도록 친구 혹은 동료와 함께 한 일을 통해 얻게 되는 칭찬이나 이익은 꼭 함께 나누어야 한다는 걸 기억하자!

돈 한 푼 들이지 않고
내 편으로 만드는 칭찬

음식을 먹으면 배가 부르듯 칭찬은 마음을 배부르게 해. 따뜻한 말 한 마디, 따뜻한 미소 한 번이 친구의 마음을 움직일 수 있어.

"이것도 못 하니? 넌 정말 잘하는 게 하나도 없구나."
"널 시키느니 차라리 내가 하는 게 낫겠다."

이런 말을 듣는다면 기분이 어떨까? 아마 무척 속상하고 다시는 그 일을 하고 싶지 않아질 거야. 반대로 칭찬을 들었을 때 너의 기분이 어땠는지 한번 생각해 봐. 아마 마음 깊은 곳에서부터 기쁨과 용기가 솟아나는 것을 느낄 수 있을 거야.

'선물을 하는 데는 돈이 든다. 하지만 칭찬은 1원도 들이지 않고 선물보다 더 큰 감동을 준다.'는 말이 있어.

음식을 먹으면 배가 부르듯 칭찬은 마음을 배부르게 해. 따뜻한 말 한 마디, 따뜻한 미소 한 번이 친구의 마음을 움직일 수 있어.

물론 친구를 칭찬하는 일은 결코 쉬운 일이 아니야.

칭찬을 하려면 우선 친구를 좋게 생각하는 마음을 가져야 하고 친구의 장점을 찾아 내기 위해 노력해야 하기 때문이야. 하지만 99개의 단점이 있는

사람도 1개의 장점은 가지고 있다고 해.

"넌 정말 피아노를 잘 치는구나."

"너처럼 라면을 맛있게 끓이는 아이는 처음 봐."

"넌 참 말을 재미있게 하는구나."

칭찬을 하게 되면 나에게도 좋은 점이 많아. 우선 친구를 칭찬하는 나의 마음과 칭찬을 받은 친구의 마음이 모두 즐거워져. 그리고 상대방도 나를 칭찬해 주고 싶은 마음이 생기고 그러다 보면 친구 사이가 더 좋아지게 될 거야.

어때? 돈 한 푼 들이지 않고 친구를 내 편으로 만드는 칭찬법, 정말 경제적이지?

"배불러~. 기분 좋다~!"

서로 **도와야** 진짜 **친구**

일방적으로 한 사람이 다른 한 사람을 도와 주는 관계는 오래 가기가 힘들어. 플레밍과 처칠처럼 서로 도움을 주고받으며 서로를 발전시키는 만남이야말로 오래도록 지속될 수 있는 좋은 만남이란다.

영국의 수상이었던 처칠이 어렸을 때 한 시골 마을에 놀러간 적이 있었어. 그런데 호수에서 놀다가 그만 발을 헛디뎌 물에 풍덩 빠지고 말았어.

"어푸, 어푸, 살려 주세요! 살려 주세요!"

이 소리에 마침 근처에서 일을 하고 있던 소년이 달려왔어. 소년은 목숨을 걸고 호수에 빠져 허우적거리는 처칠을 구해 주었어.

이 소년의 이름은 플레밍이었어. 플레밍은 의사가 되어 아픈 사람들을 치료해 주는 것이 꿈이었지만 집이 가난한 탓에 공부는 엄두도 낼 수 없었어. 이 사실을 안 처칠은 아버지에게 플레밍이 공부할 수 있도록 도와 달라고 부탁했어.

아버지는 처칠의 뜻을 받아들여 플레밍의 학비를 대주었어. 덕분에 플레밍은 처칠 아버지의 도움으로 의대를 졸업하고 의학품을 개발하는 일을 하게 되었어.

그 후 처칠은 영국의 수상이 되었고 제2차 세계대전이 터졌지.

총지휘관인 처칠은 전투 도중 폐렴에 걸려 목숨이 위태로웠어. 당시만 해도 의약품이 발달하지 않아 폐렴에도 목숨을 잃는 사람이 많았어.

그 때 마침 '페니실린'이라는 약이 개발되었어. 페니실린 덕분에 처칠은 죽음의 위기에서 벗어나 병을 고칠 수 있었지.

그런데 말이야, '페니실린'을 개발한 사람이 누군 줄 아니? 다름 아닌 '플레밍'이야. 플레밍은 두 번이나 처칠의 목숨을 구한 셈이 되었지.

만남은 이처럼 소중한 거야. 그런데 일방적으로 한 사람이 다른 한 사람을 도와 주는 관계는 오래 가기가 힘들어. 플레밍과 처칠처럼 서로 도움을 주고받으며 서로를 발전시키는 만남이야말로 오래도록 지속될 수 있는 좋은 만남이란다.

030 빌린 돈은 반드시 갚자

친구 사이에 가장 삼가야 할 일이 돈을 빌려 주고 빌리는 일이야. 그래도 어쩔 수 없이 돈을 빌려야 할 때는 약속한 날짜에 꼭 갚도록 노력하자.

'돈은 빌려 주지도 말고 빌리지도 마라. 빌린 사람은 의기소침해지기 쉽고, 빌려 준 사람도 자칫하면 돈은 물론 친구까지도 잃게 된다.'
이 말은 영국의 위대한 소설가 '윌리엄 셰익스피어'의 말이야.
오늘 봉팔이는 준비물이 있는 걸 깜박하고 집을 나섰어. 학교에 다 와서야 색종이를 사야 하는 걸 생각해 냈지 뭐야.
그 때 마침 봉순이가 교문 앞을 지나가는 것이 보였어.
"봉순아, 색종이 사게 500원만 빌려 줘."
"그래. 내일 꼭 갚아야 해."
"알았어. 내일 꼭 갚을게."
그런데 봉팔이는 돈을 빌린 사실을 까맣게 잊고 말았지 뭐야. 하지만 봉순이는 어떨까? 봉순이도 돈을 빌려 준 걸 잊었을까? 천만의 말씀.
돈을 빌린 사람은 잊을지 몰라도 돈을 빌려 준 사람은 결코 잊는 법이 없어.
'봉팔이 저 녀석은 왜 돈을 안 갚는 거야?'

뭔가 할 일이 있었던 것 같은데….

봉순이는 봉팔이가 약속한 날짜에 빌려 간 돈을 주지 않아 속이 많이 상했어. 몇 번이고 봉팔이에게 빌려 간 돈을 갚으라고 이야기하고 싶었지만 왠지 입이 떨어지질 않는 거야.

봉순이는 봉팔이를 볼 때마다 봉팔이에게 빌려 준 돈 생각을 하게 됐지. 그러다 보니 봉팔이와의 사이도 점점 서먹해지고 말았어.

친구 사이에 가장 삼가야 할 일이 돈을 빌려 주고 빌리는 일이야. '가까운 사이일수록 돈 거래는 하지 말라.'는 말은 진리 중의 진리라는 것을 잊지 말자. 그래도 어쩔 수 없이 돈을 빌려야 할 때는 약속한 날짜에 꼭 갚도록 노력하자.

031

얻어먹기만 좋아하는 건 얄미워!

남에게 얻어먹으면 지금 당장은 돈을 쓰지 않아 이익인 것 같지만 결코 그렇지 않아. 내 돈이 아까운 만큼 친구들도 돈이 아까운 법이거든. 얻어먹기만 하고 살 줄 모르는 친구는 결국 친구들에게 외면당하게 돼.

"이야, 정말 맛있겠다. 딱 한 개만 먹자."
친구가 아끼며 먹고 있는 떡볶이를 몽땅 빼앗아 먹어 버리는 친구.
"우리 집 옆에 맛이 끝내주는 자장면 집이 있는데, 다음에 내가 꼭 살 테니 기대하라고!"
한 번도 사지 않고 늘 말로만 생색내는 친구.
"오늘도 잘 얻어먹었다! 다음엔 또 누구한테 얻어먹지?"
친구들이 먹고 있는 곳이라면 어디든지 나타나 이리 기웃, 저리 기웃 하는 친구.

잠깐!

혹시 지금도 친구에게 얻어먹은 걸 뿌듯해하는 친구가 있니? 그렇다면 얼른 생각을 바꾸어야 해.

남에게 얻어먹으면 지금 당장은 돈을 쓰지 않아 이익인 것 같지만 결코 그렇지 않아. 내 돈이 아까운 만큼 친구들도 돈이 아까운 법이거든. 얻어먹기만 하고 살 줄 모르는 친구는 결국 친구들에게 외면당하게 돼.

친구들이 슬금슬금 널 피하는 것 같다고? 모임이나 행사 때 친구들이 끼워 주지 않는다고? 그렇다면 자신을 한번 돌아봐.

'왕짠돌이, 왕구두쇠.'

나도 모르는 사이에 친구들에게 이런 별명으로 불리고 있는지도 몰라.

한 번 얻어먹으면 한 번은 사야 하는 거야.

그런데 먹을 것을 살 때에도 주의해야 할 점이 있어. 친구들이 충분히 먹을 수 있을 만큼 넉넉히 사야 한다는 거야. 친구는 다섯 명인데 떡볶이는 3인분만 시킨다면 어떻게 될까? 먹은 것도 아니고 안 먹은 것도 아니고, 친구들은 오히려 기분만 나빠질 거야.

이런 친구는 돈을 제대로 쓸 줄 모르는 친구야. 음식을 살 땐 친구들이 기분 좋게 먹을 수 있도록 사야 한다는 걸 잊지 마.

032 비싼 옷으로 친구를 판단하지 말자

스님은 일부러 허름하고 꾀죄죄한 옷차림을 하고 부자를 찾아왔어. "이런, 어디에서 저런 거지를 들여 보낸 것이냐. 어서 쫓아 보내거라." 부자는 스님의 허름한 옷차림을 보고는 눈살을 찌푸렸어.

옛날 어느 마을에 부자가 살았어. 부자는 자신의 인격이 높다고 자랑하면서 학식이 뛰어난 학자들과 이야기하길 즐겼지.

덕망 높은 한 스님이 이 소문을 듣고 부자를 시험해 보기로 했어. 그날은 마침 부자의 생일이어서 많은 학자들이 모여 이야기를 나누고 있었지.

스님은 일부러 허름하고 꾀죄죄한 옷차림을 하고 부자를 찾아왔어.

"이런, 어디에서 저런 거지를 들여보낸 것이냐. 어서 쫓아 보내거라."

부자는 스님의 허름한 옷차림을 보고는 눈살을 찌푸렸어. 그러고는 스님의 말을 들어 보지도 않고 집 안으로 휑하니 들어가 버렸지.

얼마 후 스님은 절에 돌아가 새 옷으로 갈아입고 다시 부자를 찾아갔어. 그러자 부자는 버선발로 뛰어나오며 스님을 반갑게 맞이했어.

"이렇게 훌륭한 스님이 저희 집을 찾아주시다니, 어서 오십시오."

부자는 맛있는 음식을 잔뜩 차려 스님을 대접했어.

그런데 이게 웬일일까? 스님은 음식을 먹지 않고 옷 소매 안에다 집어넣는 거야.

"아니, 스님. 도대체 뭐 하시는 겁니까?"

"그야, 당신이 대접하는 손님은 제가 아니라 이 옷이기 때문입니다. 제가 초라한 옷을 입고 왔을 때는 문 밖에서 내쫓지 않으셨습니까?"

그제야 스님을 알아본 부자는 너무 창피해 얼굴을 들지 못했다고 해.

비싼 옷이나 좋은 물건을 가진 친구를 보면 멋있어 보이는 건 사실이야. 하지만 비싼 옷과 좋은 물건이 그 친구의 전부는 아니야. 보이는 겉모습이 전부라고 생각한다면 이 이야기의 부자처럼 실수를 저지르게 될 거야.

친구의 능력을 믿자

빌 게이츠는 친구들의 도움이 있었기에 마이크로소프트 사를 최고의 기업으로 키울 수 있었어. 친구들 역시 빌 게이츠가 자신의 능력을 믿어 주었기 때문에 마음껏 역량을 발휘할 수 있었지.

빌 게이츠는 친구인 폴 알렌과 함께 마이크로소프트 사를 만들었어.

소프트웨어 전문가였던 빌 게이츠는 하드웨어 전문가이자 친구였던 폴 알렌 덕분에 더 좋은 프로그램을 개발해 낼 수 있었어. 영업 부문에 있어서는 하버드 대학 동창인 스티브 발머가 큰 역할을 해 주었지.

빌 게이츠는 친구들의 도움이 있었기에 마이크로소프트 사를 최고의 기업으로 키울 수 있었어. 친구들 역시 빌 게이츠가 자신의 능력을 믿어 주었기 때문에 마음껏 역량을 발휘할 수 있었지. 만약 빌 게이츠가 친구의 능력을 믿지 못하고 서로를 불신했다면 어떻게 됐을까? 아마 지금의 마이크로소프트 사는 없었을 거야.

훌륭한 경영자는 직원들의 숨겨진 능력을 발견해 내고 능력을 최대한 발휘할 수 있도록 도와 주는 사람이야.

그런데 친구와 함께 일을 하는 건 결코 쉬운 일이 아니야. 친구이기 때문에 마음이 잘 통할 수도 있지만 일이 잘못되었을 경우 친구이기 때문에 더 서운한 마음이 들 수도 있어.

네가 만약 학급의 반장이 된다면 친구들과 학급의 많은 일을 처리해야 할 거야. 어떻게 해야 일을 효율적으로 처리할 수 있을까?

① 먼저 친구가 잘할 수 있는 일을 찾아 맡기자.
② 친구가 일을 끝마칠 수 있을 때까지 기다리자.
③ 친구가 힘들어할 땐 "넌 할 수 있어.", "넌 참 잘해.", "널 믿어."라며 격려해 주자.

너의 격려와 믿음은 친구에게 큰 힘이 되어 '그래, 날 믿어주는 친구를 위해서라도 힘을 내자.' 라는 생각을 하게 될 거야.

034 돈을 쓰는 데에도 요령이 있다

돈을 쓰는 데에도 요령이 있어. 무조건 돈을 많이 쓴다고 좋은 건 아니야. 돈을 자랑하거나 친구의 기분을 상하게 해선 안 돼. 이런 경우는 차라리 돈을 쓰지 않는 것만 못해.

"오늘 닭꼬치는 내가 다 산다. 너희들 앞으로도 닭꼬치 먹고 싶으면 내 말 잘 들어야 해!"

경태가 주머니에서 만 원짜리 지폐를 꺼내 흔들어 보였어. 경태는 친구들에게 먹을 것을 많이 사 주면 친구들이 자기를 좋아하고 따를 거라고 생각했어.

하지만 친구들 생각은 어떨까?
'경태 녀석, 용돈 좀 많이 탄다고 잘난 체는!'
친구들은 경태가 사 주는 닭꼬치를 먹으면서도 속으로는 경태를 아니꼽게 생각했어.

현규네 반 친구들은 축구 경기를 하느라 몹시 지쳐 있었어. 현규는 아이들이 목말라 하는 것을 보고 생수를 사다가 친구들에게 나누어 주었어.
"얘들아, 목마르지? 이 물 먹어."
"와! 물이다. 현규야, 정말 고마워!"
친구들은 구세주라도 만난 듯이 고마워하며 물을 마셨어.
네가 보기에 어떤 친구가 돈을 더 잘 쓰는 친구일 것 같니?
돈을 쓰는 데에도 요령이 있어. 무조건 돈을 많이 쓴다고 좋은 건 아니야. 돈을 자랑하거나 친구의 기분을 상하게 해선 안 돼. 이런 경우는 차라리 돈을 쓰지 않는 것만 못해.

이런 일은 어른들 사이에서도 마찬가지야. 돈은 돈대로 쓰고 안 좋은 소리만 듣게 돼. **돈을 쓸 때에는 상대방이 필요로 하는지 아닌지를 잘 가려서 써야 해.**

035 친구를 **도울** 땐 **친구**의 **기분**을 생각하자

어려움에 처한 친구나 이웃을 도와 주는 건 매우 훌륭한 일이야. 하지만 이 때 주의해야 할 것이 있어. 바로 친구의 자존심을 상하지 않게 하는 일이야.

'만종', '이삭줍기' 등을 그린 화가 밀레는 젊은 시절에 무척 가난했어. 겨울인데도 집에 땔감이 없어서 온 가족이 추위에 덜덜 떨어야 했지. 그 때 밀레의 친구인 루소가 찾아왔어.

"여보게 친구, 기쁜 소식이 있네. 자네의 그림을 사겠다는 사람이 나타났네."

"뭐라고! 그게 정말인가?"

근심이 가득하던 밀레의 얼굴이 환하게 밝아졌지.

"자네 그림은 다 훌륭하니 나보고 알아서 골라 달라고 하더군. 음, 이 '나무 가꾸는 농부'가 좋겠군."

그림이 팔려서 다행히 음식을 살 수 있게 되었어.

밀레는 루소에게 받은 돈으로 먹을 것과 땔감을 사서 그 해 겨울을 따뜻하게 날 수 있었어.

몇년 후, 밀레는 유명한 화가가 되었어. 어느 날 밀레는 루소의 집을 방문하게 되었어. 그런데 루소의 집에 '나무 가꾸는 농부'가 걸려 있는 게 아니겠니?

"아니, 루소. 이 그림은……."

"하하하, 밀레. 사실 이 그림을 산 건 나였다네. 자네의 재능을 일찌감치 알아본 거 아니겠나."

친구의 자존심을 상하지 않게 하려는 루소의 배려였지. 밀레는 루소의 배려에 고마움의 눈물을 흘렸어.

"나니까 널 도와 주는 거야."

"내가 널 도와 주었으니까 너도 날 도와 주어야 해."

이런 말은 친구를 부끄러운 생각이 들게 하는 말이야.

어려움에 처한 친구나 이웃을 도와 주는 건 매우 훌륭한 일이야. 하지만 이 때 주의해야 할 것이 있어. 바로 친구의 자존심을 상하지 않게 하는 일이야.

그림을 산 사람이 나라는 것은 밀레에게는 비밀이야.

036

친구의 도움으로 다시 일어설 수 있었던 마크 트웨인

친구의 도움으로 다시 일어설 수 있었던 마크 트웨인. 마크 트웨인에게 헨리 허틀스턴 로저스가 없었다면 그는 미국 현대 문학의 아버지가 될 수 없었을 거야.

마크 트웨인은 '톰 소여의 모험', '허클베리 핀'을 쓴 미국 현대 문학의 아버지로 불리는 소설가야. 마크 트웨인은 작가로서 원고를 쓰는 외에 여러 가지 사업을 하기도 했어. 후에 그는 큰 부자가 되었는데 작가 수입보다는 오히려 사업과 투자로 많은 돈을 모을 수 있었다고 해.

부자가 되기 전 마크 트웨인의 삶은 어려움과 실패의 연속이었어.

그의 첫 직업은 '견습 인쇄공'이었어. 그 후 신문사에서 기자로 일하기도 하고 식자공, 광부, 광산 중개인 등 많은 직업을 전전했어.

첫 사업으로 목재 회사를 차렸지만 화재가 나는 바람에 모두 잃고 말아. 이후 '클레멘스 금은광 회사'를 차리지만 이마저도 실패로 끝나 버리고 말지.

마크 트웨인의 시련은 여기에서 끝나지 않았어. 발명가이기도 했던 그는 자동 식자기와 영양 보조제를 발명하기 위해 50만 달러의 빚을 지게 돼. 또한 출판사를 차렸다가 16만 달러의 빚을 더하게 되었지. 마크 트웨인은 궁지에 몰릴대로 몰린 처지가 되었어.

이 때 마크 트웨인을 도와 준 사람이 그의 작품의 독자이자 친구였던 헨리 허틀스턴 로저스였어. 헨리는 마크 트웨인이 돈을 벌어 빚을 갚을 수 있도록 빚쟁이들을 설득시켰어. 마크 트웨인이 강연과 여행으로 해외에 있을 때는 자금 관리를 대신해 주기도 했지.

　마크 트웨인은 '내게 만약 헨리가 없었다면 지금쯤 아마 문 밖에서 빌린 우산을 쓰고 살았을 거야.'라고 말했어.

　친구의 도움으로 다시 일어설 수 있었던 마크 트웨인. 마크 트웨인에게 헨리 허틀스턴 로저스가 없었다면 그는 미국 현대 문학의 아버지가 될 수 없었을 거야.

경 / 제 / 실 / 천

친구에게 호감을 주는 비법

① "안녕, 어제 집에 잘 갔니?"

친구를 만나면 먼저 인사를 건네자. '친구가 인사를 받아 주지 않으면 어쩌지?' 하고 미리부터 걱정할 필요는 없다. 친절한 인사 한 마디가 마음을 열어 주고 대화를 부드럽게 한다.

② 미소 띤 얼굴로 친구를 바라보자

대화를 할 때는 친구의 눈이나 눈 바로 아래를 쳐다보자. 친구는 네가 자신의 말을 진지하게 듣고 있다고 생각하게 된다.

③ "넌 어떻게 생각하니?"

나의 주장만 내세우지 말고 친구의 의견을 묻자. 대화하는 사이 사이에 친구의 이름을 불러 주면 친근한 느낌을 줄 수 있다.

④ 친구의 말을 도중에 끊지 말자

먼저 친구의 이야기를 들어 주자. 틀린 말이 있으면 친구의 이야기가 끝난 다음에 차근차근 이야기하자.

⑤ 자신감 있는 말투로 친구가 알아듣기 쉽게 차근차근 이야기하자

이야기를 할 때 우물거리거나 말끝을 흐리면 상대방에게 믿음을 줄 수 없다. 두서없이 자기 생각만 늘어놓기보다는 듣고 있는 친구가 이해하고 있는지 살피며 말하는 것이 좋다.

⑥ 식사를 마친 후엔 꼭 이를 닦자

이에 음식 찌꺼기가 잔뜩 끼어 있거나 입 냄새를 풍긴다면 함께 이야기하고 싶은 마음이 없어진다. 한 가지 더! 땀 냄새가 나지 않도록 평소에 목욕을 자주 하는 것도 잊지 말자.

⑦ 단정한 옷차림은 필수

친구의 생일에 초대받았는데 놀이터에서 아무렇게나 뒹굴던 옷을 입고 가는 것은 실례이다. 깨끗하고 단정한 옷차림은 친구에 대한 기본적인 예의라고 할 수 있다.

성공할 가능성이 높은 사람은 재능이 많은 사람보다 다른 사람에게 호감을 주는 사람이다. 친구를 친절하고 우호적으로 대할 때 친구도 나에 대한 경계심을 풀고 친근하게 대하게 된다.

Rich Habit

Habit

#4

나를 부자로 만드는 생생
생활 습관

Rich Habit

037 벼락 부자가 다시 가난해지기 쉬운 이유

038 아버지의 목숨 값을 흥정한 아들

039 건강은 가장 큰 재산!

040 게으른 사람은 절대 부자가 될 수 없다

041 저축이 먼저다

042 서랍 속 잡동사니를 버려라

043 내게 더 필요한 건 드레스일까? 청바지일까?

044 쓰지 않는 물건은 재활용 시장에 내다 팔자

045 돈보다 더 중요한 시간 관리

046 부자 아버지를 바라보기보다 부자가 된 나를 꿈꾸자

047 석유 재벌 록펠러의 절약 정신

048 아시아 최고 부자 리카싱의 돈에 대한 태도

경제 실천 _ 절약하는 습관은 필수!

Habit

037 벼락 부자가 다시 가난해지기 쉬운 이유

돈을 효과적으로 관리하고 계획적으로 사용할 줄 아는 능력을 키워야 벼락 부자가 아닌 진짜 부자로 오랫동안 살아갈 수 있는 거야.

"오늘 한씨 아저씨를 봤는데 정말 안됐더군."
친척 모임에 갔다 온 현규 아빠가 아내에게 말했어.
"왜요? 복권에 당첨돼서 아파트도 사고 사업도 시작했다고 하지 않았어요?"
"그랬지. 근데 잘 알지도 못하면서 사업을 시작했다가 사기를 당해 폭삭 망했다고 해. 가족들도 뿔뿔이 흩어지게 되었대."
"쯧쯧, 갑자기 돈이 많아졌다고 좋아할 게 아니네요."
사람들은 가끔 "돈만 많으면 정말 행복할 텐데." 하고 이야기할 때가 있어. 하지만 정말 그럴까?

미국에서 당첨금 천 만 달러 이상의 복권에 당첨된 사람들을 10년 뒤에 조사했더니 흥미로운 결과가 나왔어. '전보다 더 불행해졌다.'는 대답이 64%였고, '더 행복해졌다.'는 사람은 36%에 지나지 않았다고 해. 그런가 하면 몇 년이 지난 후에 다시 예전처럼 가난해지는 경우도 많았어.

불행해졌다는 사람들의 경우 가족들간에 사이가 나빠지고, 사기를 당해 돈을 잃거나 돈을 흥청망청 쓰다가 몸이 안 좋아지기도 했어.

　모두 갑자기 생긴 많은 돈을 제대로 관리할 능력을 가지고 있지 못했기 때문에 생긴 일이야.

　돈을 관리할 능력이 없는 사람에게 엄청난 부는 오히려 불행이 될 수 있어. 어려서부터 경제 교육을 받아야 하는 이유가 바로 여기에 있어. 돈을 효과적으로 관리하고 계획적으로 사용할 줄 아는 능력을 키워야 벼락 부자가 아닌 진짜 부자로 오랫동안 살아갈 수 있는 거야.

진짜 부자는 아무나 되는 줄 알아?

돈 벼락이다!

038 아버지의 목숨 값을 흥정한 아들

돈을 저축하고 모으는 것은 부자가 되는 기본이야. 하지만 그것 못지않게 돈을 제대로 쓸 줄 아는 것도 중요해.

어느 날, 아버지와 아들이 다리를 건너고 있었어. 그런데 그만 아버지가 발을 헛디뎌 강물에 '풍덩' 빠지고 말았어.

때마침 지나가던 뱃사공이 물에 빠져 허우적거리는 아버지를 발견했어.

"저런, 내가 당신 아버지를 구해 줄 테니 300냥을 주겠소?"

뱃사공은 다리 위에서 발을 동동 구르는 아들에게 물었어.

아들은 화들짝 놀라며 소리쳤어.

"무슨 소리요? 그냥 100냥만 합시다."

뱃사공은 고개를 저었어.

"정 그렇다면 200냥만 주시오."

하지만 아들은 여전히 돈이 아까웠어.

"에잇, 그렇다면 150냥으로 합시다."

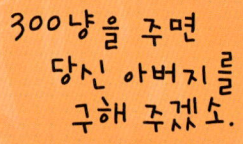

300냥을 주면 당신 아버지를 구해 주겠소.

　아들과 뱃사공이 돈을 흥정하는 동안 아버지는 깊은 물 속으로 사라져 버렸어.
　어리석은 아들은 돈을 아끼려다 큰 불효를 저지르고 말았지.
　우리가 돈을 모으는 이유는 '꼭 필요한 곳'에 쓰기 위해서야. 그런데 우리 주변에는 가끔 어리석은 아들의 경우처럼 돈을 모으거나 아끼는 데에만 급급해 써야 할 곳에 제대로 쓰지 못하는 사람들이 있어.
　옷값을 아낀답시고 사업상 중요한 계약 자리에 다 떨어져 너덜너덜한 옷을 입고 나간다면 상대방에게 신뢰감을 주긴 힘들 거야.
　가족이나 친구 사이에서도 마찬가지야. 학교에서 필요한 준비물을 사지 않아 친구에게 늘 빌린다면 친구가 불쾌한 감정을 갖게 될 거야.
　작은 돈을 아끼려다 더 큰 것을 잃게 되는 경우이지.
　돈을 저축하고 모으는 것은 부자가 되는 기본이야. 하지만 그것 못지않게 돈을 제대로 쓸 줄 아는 것도 중요해. 많은 부자들이 어렵게 모은 돈을 사회에 기부하고 이웃들과 함께 나누려 하는 것은 이런 이유 때문이야.

건강은 가장 큰 재산!

건강은 가장 큰 재산이야. 돈이 아무리 많아도 건강하지 못하면 아무 소용이 없어. 통장에 들어 있는 돈도 재산이지만 무엇보다 건강이 최고의 재산이란다.

성재는 방학 때 아르바이트를 했어. 집으로 돌아오는 길에 갑자기 소나기가 내렸지만 우산을 사자니 돈이 아까운 생각이 들었어.

'비 조금 맞는다고 뭐 큰일나겠어?'

성재는 비를 맞고 집까지 뛰어갔어. 그런데 저녁이 되자 몸이 으슬으슬 추워지더니 기침이 나기 시작하는 거야.

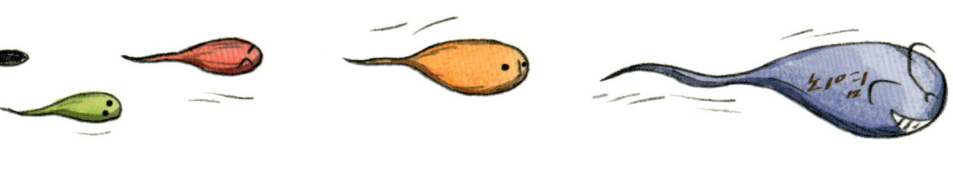

밤새 성재의 방에선 콜록콜록 기침 소리가 심하게 났어. 성재는 결국 병원 응급실에 실려가 다음 날까지 꼼짝 못 하고 누워 있어야 했지. 게다가 며칠 동안 아르바이트도 빠지게 되어 경제적 손실도 이만저만이 아니었어.

캐리파커는 40억 달러를 가진 호주 제일의 부자였어. 어느 날 그는 신장을 이식받아야 살 수 있다는 의사의 진단을 받았어.

이 소식이 전해지자 한 호주 시민이 이런 말을 했어.

"나는 내가 캐리파커보다 부자라고 생각합니다. 여러분은 설마 40억 달러에 자신의 신장을 떼어주려고 하진 않겠지요?"

'건강은 건강할 때 지켜라.' 라는 말이 있지? 건강을 지키려면 평상시에 운동을 꾸준히 해야 하고 다치거나 병에 걸리지 않도록 조심해야 해.

줄넘기나 걷기는 돈을 들이지 않고도 실천할 수 있는 운동이야. 길을 건널 때는 차가 오는지 잘 살피고 자전거나 인라인 스케이트를 탈 때는 꼭 보호 장비를 착용하고 타야 해.

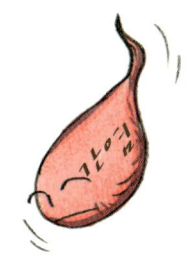

건강은 가장 큰 재산이야. 돈이 아무리 많아도 건강하지 못하면 아무 소용이 없어. 통장에 들어 있는 돈도 재산이지만 무엇보다 건강이 최고의 재산이란다.

040 게으른 사람은 절대 부자가 될 수 없다

"새벽에 일어나서 운동과 공부를 하고 사람들과 어울리며 최대한으로 노력해라. 이런 사람들 가운데 좋은 일이 일어나지 않는다고 말하는 사람을 나는 한 번도 본 적이 없다."

밤 늦게까지 컴퓨터 게임을 해서 아침에 일어나기가 힘들다고?
아침에 급하게 책가방을 챙기느라 항상 준비물을 빼먹는다고?
학교까지 전속력으로 달려가다 넘어진 게 한두 번이 아니라고?
지각을 해서 매일 담임 선생님께 혼나는 게 하루 일과처럼 느껴진다고?
그렇다면 정말 게으름 병에 빠진 친구로구나. 하지만 너무 실망할 필요는 없어. 게으름 병을 고치는 네 가지 방법을 알려 줄게.

① '귀찮아' 라는 말을 하지 말자.
② '10분만 더' 라는 말을 하지 말자.
③ 매일매일 꼭 해야 할 일을 종이에 써서 책상 위에 붙여 놓자.
④ 오늘 할 일은 내일로 미루지 말자.

세계적인 작가 앤드류 매튜스는 "새벽에 일어나서 운동과 공부를 하고 사람들과 어울리며 최대한으로 노력해라. 이런 사람들 가운데 좋은 일이 일어나지 않는다고 말하는 사람을 나는 한 번도 본 적이 없다."라고 말했어.

게으름에 빠져 미래를 준비하지 않는 사람은 자신에게 찾아온 소중한 기회를 놓치기 쉬워. 오늘 내가 얼마나 열심히 준비하느냐에 따라 내일의 성공과 행복이 결정돼. 게으른 사람 치고 부자인 사람은 없어. 게으른 사람에게 돌아오는 건 결국 가난뿐임을 기억하자.

저축이 먼저다

월급이나 용돈을 타게 되면 매월 일정 금액을 먼저 저축하는 게 좋아. 저축을 먼저 하면 필요 없는 소비를 줄이게 되고 절약하는 습관까지 들일 수 있어.

존 템플턴은 미국 금융의 중심지인 월가의 '살아 있는 전설'로 불리는 금세기 최고의 주식 투자가야. 그가 20여 년 동안 지킨 신조가 무엇인지 아니? 바로 소득의 50%를 무조건 저축한다는 거야. 템플턴은 '부는 저축하는 데에서 나온다.'라고 굳게 믿고 이를 실천했어.

세계 경제가 가장 어두웠던 1930년대, 템플턴은 아내와 함께 수입의 반을 반드시 저축하기로 맹세했어. 그리고 이 약속을 지키기 위해 생활에 필요한 거의 모든 물건들을 중고 제품으로 이용했어.

그는 이렇게 해서 아낀 돈을 저축하고 이 돈을 밑천으로 주식에 투자해 세계 최고의 주식 투자가가 되었어. **그는 투자를 통해 엄청난 부자가 된 다음에도 저축 습관을 꾸준히 지켜나간 것으로 유명해.**

세계적인 부자들은 템플턴의 경우처럼 대부분 저축을 통해 사업 밑천이나 투자 자금을 마련한 사람들이야.

혹시 너희 중에 물건을 사고 남은 돈으로 저축을 하면 된다고 생각하는 친구가 있니? 그렇다면 생각을 바꿔야 해. 쓰고 남은 돈으로 저축을 하는 게 아니라 먼저 저축을 하고 남은 돈을 써야 하는 거야.

월급이나 용돈을 타게 되면 매월 일정 금액을 먼저 저축하는 게 좋아. 저축을 먼저 하면 필요 없는 소비를 줄이게 되고 절약하는 습관까지 들일 수 있어.

저축을 한다고 모두 부자가 되는 것은 아니지만 저축을 하지 않고 부자가 된 사람은 없어. 저축은 부자의 필수 조건이라는 사실을 잊지 말자.

042

서랍 속 **잡동사니를 버려라**

서랍 속 잡동사니를 버렸더니 그만큼 사용할 수 있는 공간이 넓어지고 물건을 효율적으로 관리할 수 있게 되었어. 이제 필요한 물건을 찾느라 아까운 시간을 허비하는 일도 없을 거야.

"줄넘기가 어디 있지?"

현규는 벌써 30분이 넘게 줄넘기를 찾고 있어. 줄넘기를 본 기억이 나는데 막상 찾으려니 어디에 두었는지 생각이 나질 않았어.

"책상 속에 넣어 뒀나?"

현규의 서랍 속에는 물건들이 어지럽게 섞여 있었어.

"윽, 도대체 뭐가 어디에 있는지 하나도 모르겠네."

책상 서랍만큼이나 현규의 머릿속도 어지러웠어.

"좋아, 오늘은 책상 서랍을 한번 정리해 보는 거야."

서랍 속을 효율적으로 정리하는 방법을 알아볼까?

① 책상 서랍을 여러 칸으로 나누기. 이 때 우유 상자를 이용하면 편리하다.

② 자주 사용하는 학용품과 자주 사용하지 않는 학용품을 분리하자.

③ 미술 용품과 음악 시간에 필요한 준비물은 따로 챙기자.

④ 장난감은 보관함을 만들어 따로 정리하자.

현규는 부러진 자와 굳어 버린 찰흙, 찢어진 게임 카드 등은 분리해 쓰레기통에 버렸어. 서랍 속 잡동사니를 버렸더니 그만큼 사용할 수 있는 공간이 넓어지고 물건을 효율적으로 관리할 수 있게 되었어.

그 동안 매번 새로 샀던 각도기도 세 개나 나왔어. 이제 각도기를 새로 사느라 용돈을 낭비하진 않을 거야. 넣어둘 곳이 없어서 책상 위에 뒹굴던 필통과 수첩도 서랍 속에 넣었어.

이제 필요한 물건을 찾느라 아까운 시간을 허비하는 일도 없을 테니 정말 일석삼조의 효과라고 할 수 있지?

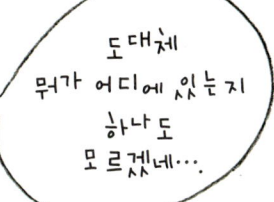

도대체 뭐가 어디에 있는지 하나도 모르겠네…

043

내게 **더 필요**한 건 드레스일까? 청바지일까?

송이는 장롱 문을 열고 비싼 드레스를 볼 때마다 속상한 마음이 들었어. 드레스 값이면 청바지를 세 벌은 샀을 텐데 하고 말이야.

송이의 생일날, 송이와 엄마는 백화점으로 쇼핑을 갔어. 마네킹이 입고 있는 드레스가 송이의 눈에 들어왔어.

"엄마, 저 드레스 너무 예쁘다. 나 저 드레스 살래."

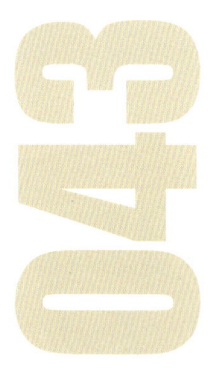

"드레스? 청바지가 더 필요하지 않니? 바지가 작아진 거 같던데……."
"싫어. 내 생일이니까 내가 사고 싶은 거 살 거야."
"그래. 알았다. 대신 나중에 바지 사 달라고 하기 없기다."

송이는 생일 잔치 때 드레스가 너무 예쁘다며 여자 친구들이 보내는 부러움의 눈길에 한껏 기분이 좋아졌지.

하지만 생일 잔치 이후 드레스는 더 이상 입을 일이 없었어. 드레스는 입기도 불편하고 친구들과 놀기에도 불편했기 때문이야.

그런데 문제는 그 후부터야. 작년에 입던 바지들이 모두 작아서 입을 수 없게 되었어. 하지만 드레스를 살 때 엄마와 약속을 했기 때문에 새 바지를 사 달라는 말도 할 수 없었지.

송이는 장롱 문을 열고 비싼 드레스를 볼 때마다 속상한 마음이 들었어. 드레스 값이면 청바지를 세 벌은 샀을 텐데 하고 말이야.

송이처럼 후회하지 않으려면 옷이나 물건을 살 땐 먼저 효율성을 따져 보아야 해.

지금 나에게 꼭 필요한 물건인가?
앞으로 충분히 활용 가능한가?

너희도 물건을 살 때는 다시 한 번 생각해 봐. 내게 정말 필요한 건 드레스인지, 청바지인지 말이야.

너의 선택을 존중해 줬을 뿐이야.

044 쓰지 않는 물건은 재활용 시장에 내다 팔자

쓰지 않는 물건을 재활용 시장에 내다 팔면 사는 사람은 싼 값에 필요한 물건을 살 수 있어서 좋고, 파는 사람은 필요 없는 물건을 팔아 돈을 벌 수 있어서 매우 경제적이야.

옷장 정리를 마친 성재 엄마의 양 손에는 입지 않는 옷들이 가득했어.
"작아서 못 입는 옷이 꽤 많이 나왔네."
"엄마 이 옷 다 어떻게 할 거예요?"
"글쎄, 옷이 새 것이나 마찬가지니 벼룩 시장에 내다 팔까?"
"저도 갈래요. 제가 한번 팔아 볼게요."

장래 희망이 사업가인 성재가 자신있게 대답했어.

성재는 우선 인터넷으로 벼룩 시장 참가 신청을 하고 다시 한 번 안 쓰는 물건들을 정리했어.

퍼즐 장난감과 게임 카드, 곤충 목걸이, 누나가 준 곰 인형, 배낭, 이제는 보지 않는 영어책 10권을 커다란 상자에 넣었어. 아빠가 챙겨준 시계와 전자 계산기도 함께 가져갔어.

왁자지껄, 벼룩 시장에는 많은 사람들이 집에서 쓰던 물건을 가져와서 장사를 하고 있었어.

엄마와 성재는 돗자리를 펴고 가지고 온 물건들을 펼쳤어.

"옷 사세요. 새 것 같은 장난감도 있어요."

성재와 엄마가 가지고 온 물건은 인기가 좋아 생각보다 빨리 팔려 나갔어.

쓰지 않는 물건을 팔아서 번 돈으로 성재는 평소에 갖고 싶었던 야구 모자를 샀어. 엄마도 입지 않는 옷을 모두 팔았다며 뿌듯해하셨어. 엄마와 성재는 오늘 번 돈의 일부는 어려운 사람들을 위해 기부했어.

쓰지 않는 물건을 재활용 시장에 내다 팔면 사는 사람은 싼 값에 필요한 물건을 살 수 있어서 좋고, 파는 사람은 필요 없는 물건을 팔아 돈을 벌 수 있어서 매우 경제적이야.

돈보다 더 중요한 시간 관리

우리는 전화를 발명한 사람을 '그레이엄 벨'이라고 알고 있어. 그런데 같은 시기에 같은 방식의 전화를 발명한 사람이 있었어. 바로 알리샤 그레이란 사람이야.

'매일매일 남는 게 시간인데 시간이 돈보다 더 중요하다니. 말도 안 돼!'

정말 그럴까?

비행기를 타야 할 시간에 늦을 처지에 놓였어. 이 때 버스를 타게 되면 아마도 비행기가 출발할 시간에 맞출 수 없을 거야. 이럴 때는 비싸더라도 택시를 타고 가야 해. 택시비를 내는 것보다 비행기를 타는 게 더 중요할 테니까. 돈을 더 주고라도 시간을 사야 하는 경우이지.

시간을 놓쳐 엄청난 돈을 벌 수 있는 기회를 잃은 경우도 있어.

우리는 전화를 발명한 사람을 '그레이엄 벨'이라고 알고 있어. 그런데 같은 시기에 같은 방식의 전

돈 주고도 살 수 없는 게 시간이라고~.

돈 조금 아끼려다 비행기 놓치겠다!

화를 발명한 사람이 있었어. 바로 알리샤 그레이란 사람이야.

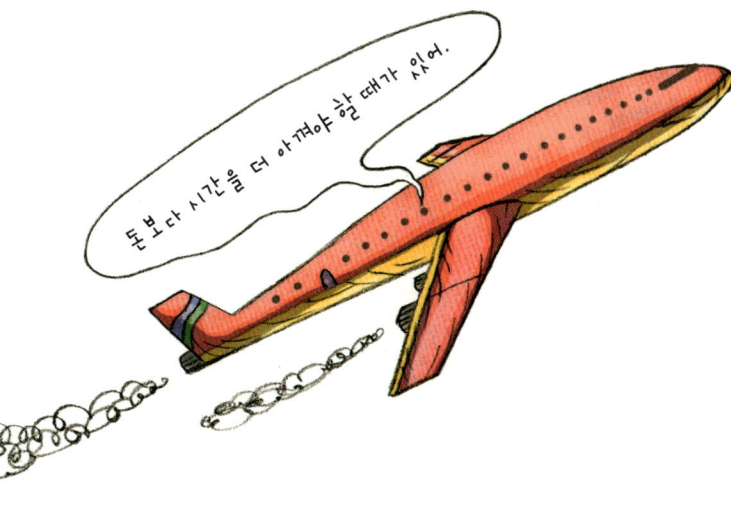

그런데 알리샤 그레이는 전화를 발명하고도 특허를 내는 데 서두르지 않았어. 조금 미룬다고 무슨 상관이 있겠냐 싶었던 거야. 하지만 알리샤 그레이는 특허를 내러 특허청에 갔을 때 청천벽력 같은 소리를 들어야 했지.

"알리샤 그레이 씨. 두 시간 전에 똑같은 방식의 전화에 대한 특허 신청이 들어왔어요. 그러니 지금 당신이 특허를 신청해도 아무 소용이 없습니다."

단 두 시간의 차이로 전화의 특허권을 얻지 못한 알리샤 그레이는 엄청난 돈을 벌 수 있는 기회를 놓치게 된 거야.

이렇듯 시간을 사용하는 데에도 우선 순위가 있단다.

'가장 급한 것'보다 '가장 중요한 것'을 먼저 하는 지혜가 필요해. 중요도에 따라 시간을 쪼개 쓸 수 있어야 제대로 시간 관리를 했다고 할 수 있을 거야.

046

부자 아버지를 바라보기보다 부자가 된 나를 꿈꾸자

우리도 언젠가는 부모님 곁을 떠나 스스로 돈을 벌어 생활을 꾸려나가야 해. 그 때를 대비해 지금부터 자립하는 훈련을 해 나가도록 하자.

어느 마을에 부자 아버지가 살았어. 그런데 아들은 아버지의 재산을 물려받을 것이라는 확신 때문인지 일도 하지 않고 게으름만 피웠어. 보다 못한 아버지가 아들에게 말했어.

"네 힘으로 돈을 벌어 오지 않으면 재산을 한 푼도 주지 않겠다!"

하지만 아들을 안쓰럽게 생각한 어머니는 아버지 몰래 돈을 건네며 네가 번 돈이라고 이야기하라고 시켰어.

아들은 어머니가 준 돈을 아버지께 갖다 드렸어. 그런데 아버지가 그 돈을 화톳불 속에 던져 버리는 거야.

"이 돈은 네가 번 돈이 아니다. 다시 나가서 네 힘으로 돈을 벌어오너라."

아들은 하는 수 없이 돈을 벌기 위해 먼 곳으로 떠났어. 그리고 얼마 후 이번에는 정말로 열심히 일을 해서 번 돈을 아버지 앞에 내놓았어.

그런데 아버지는 이번에도 돈을 화톳불에 던졌어. 그러자 아들은 손이 데이는 것도 잊은 채 뜨거운 재 속을 뒤져 돈을 꺼냈어. 그러고는 아버지를 향해 원

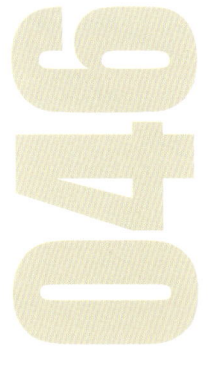

망스러운 목소리로 말했어.

"아버지, 너무하세요. 제가 이 돈을 버느라 얼마나 힘들었는지 아세요?"

그제야 아버지는 아들의 손을 잡으며 말했어.

"그래, 고생했다. 아들아, 네가 땀 흘려 번 돈이 맞구나."

아들은 자신이 벌지 않은 돈은 불에 타도 꺼낼 생각을 안 했지만 땀과 노력으로 번 돈은 너무 아까웠던 거야.

집안일을 돕고 받은 오백 원이 더 소중하게 느껴지는 것처럼 말이야.

우리도 언젠가는 부모님 곁을 떠나 스스로 돈을 벌어 생활을 꾸려나가야 해. 그 때를 대비해 지금부터 자립하는 훈련을 해 나가도록 하자.

우리가 스스로 용돈을 벌 수 있는 일은 뭐가 있을까?

설거지와 청소 등 집안일을 돕고 용돈을 받자.

재활용이 가능한 것들은 정리해 내다 팔자.

쓰지 않는 물건은 벼룩 시장에 내다 팔자.

석유 재벌 록펠러의 절약 정신

록펠러는 평생 일기를 쓰듯 개인 회계 장부를 쓴 것은 물론이고 재벌이 된 이후에도 평생을 근검절약하며 산 것으로 유명해.

석유 재벌로 유명한 록펠러가 클리블랜드 시에서 점원으로 있을 때의 일이야. 어느 날 록펠러가 실수로 떨어뜨린 수첩을 다른 점원들이 주워 보게 되었어.

수첩 안에는 록펠러의 지출 내역이 빼곡하게 적혀 있었지.

'펜촉 한 개 2센트, 점심 빵값 5센트, 성냥 한 갑 3센트……'

"정말, 지독하게 인색한 놈이군. 이런 하찮은 금액들까지 다 적어 놓다니 말이야."

마침 가게 안으로 돌아온 록펠러가 점원들에게서 수첩을 빼앗으며 말했어.

근검절약

"이게 어때서요? 작은 돈이라도 수첩에 적다 보면 낭비를 없애고 절약할 수 있어서 얼마나 유용한데요. 또 저금도 더 많이 할 수 있다고요."

그리고 일 년이 지난 어느 날, 록펠러는 캐나다에서 온 상인이 목재를 팔지 못해 쩔쩔 매고 있다는 소식을 들었어. 다른 점원들은 엄두도 낼 수 없었지만 록펠러는 그 동안 모은 돈으로 이 목재를 사들였지. 그러고는 목재를 되팔아 많은 이익을 남길 수 있었어. 모두 그 동안의 절약과 저축이 있었기에 가능한 일이었지.

이후 록펠러는 1870년에 석유 회사를 세우고 큰돈을 벌어들였어. 또 광산과 산림, 철도, 은행 등에 투자해 천문학적인 돈을 가진 거대 재벌이 되었지.

록펠러는 재벌이 된 이후에도 평생 일기를 쓰듯 개인 회계 장부를 쓴 것은 물론이고 평생을 근검절약하며 산 것으로 유명해.

그의 이러한 절약 정신은 지금도 많은 사람들에게 교훈을 주고 있어.

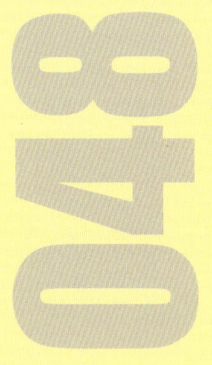

아시아 최고 부자 **리카싱**의 **돈**에 대한 **태도**

중학교를 중퇴한 리카싱은 찻집 종업원과 시계 외판원 등을 거치며 가난한 시절을 보냈어. 리카싱은 오랜 시간 절약과 저축, 투자의 과정을 거치며 돈에 대한 좋은 습관과 태도를 습득할 수 있었어.

홍콩에는 이런 말이 유행한다고 해. '홍콩 사람이 쓰는 1달러 가운데 5센트는 리카싱의 호주머니에 들어간다.' 그만큼 홍콩 경제에서 차지하는 리카싱의 영향력은 대단하다고 할 수 있지.

또한 리카싱은 홍콩 사람들에게 존경받는 인물이기도 해.

"정정당당하게 돈을 번다면 부자도 존경받는 게 당연하다. 나는 리카싱을 존경한다."

리카싱은 왜 홍콩 사람들의 존경을 받을까? 그 이유는 돈에 대한 리카싱의 태도에 잘 나타나 있어.

어느 비가 많이 오는 날이었어. 리카싱이 차에 오르며 빗물을 닦기 위해 손수건을 꺼내려 할 때였지. 리카싱의 주머니에서 1센트짜리 동전 하나가 딸려 나와 땅바닥에 떨어졌어.

리카싱은 비가 오는 데에도 불구하고 고집스럽게 차에서 내려 동전을 주우려고 했어. 그러자 옆에서 그 모습을 지켜 보던 호텔 종업원이 동전을 주워 리카싱에게 돌려 주었어.

리카싱은 호텔 종업원에게 10달러의 팁을 주며 말했어.

"그 동전을 줍지 않았다면 빗물에 씻겨 가 버려 낭비하게 되었을 거

"1센트 동전도 소중해."

네. 하지만 이 10달러는 낭비되지 않을 것이네. 돈은 사회가 창조한 부이기 때문에 낭비되어서는 안 되지."

돈을 소중히 여기는 것은 부자들의 기본적인 생활 태도야.

중학교를 중퇴한 리카싱은 찻집 종업원과 시계 외판원 등을 거치며 가난한 시절을 보냈어. 리카싱은 오랜 시간 절약과 저축, 투자의 과정을 거치며 돈에 대한 좋은 습관과 태도를 습득할 수 있었어.

'부는 진정한 주인에게만 속한다.'라고 해. 돈에 대한 좋은 습관과 태도를 가지고 있는 사람이야말로 돈의 진정한 주인이 될 수 있는 사람이야.

물론 돈에 대한 좋은 습관과 태도는 어린 시절부터 키워가야 한다는 것을 잊으면 안 돼!

경 / 제 / 실 / 천

절약하는 습관은 필수!

아이들 10명에게 아무런 조건 없이 한 달 용돈으로 만 원씩의 돈을 주었다고 하자. 한 달 후, 돈을 다 쓴 아이도 있고 돈을 남긴 아이도 있을 것이다.

이 때 돈을 많이 남겨 놓은 아이일수록 자라서 부자가 될 확률이 많은 아이이다. 용돈을 남기기 위해서는 그만큼 사고 싶은 것을 참을 줄 아는 인내심이 필요하기 때문이다.

부자라고 하면 최고급 호텔에 최고급 승용차를 타고 커다란 집에서 살 것 같지만 사실은 그렇지 않다. 대부분의 부자들은 매우 검소하고 절약하는 삶을 살고 있다.

현대 그룹의 고 정주영 회장은 젊은 시절부터 절약을 생활화한 대표적인 인물이다. 생전에 정주영 회장은 지은 지 30년이 넘는 집에 살며 20년이 넘는 소파와 오래된 TV, 10년이 넘은 작업복을 입고 다녀 '왕소금 회장'으로 불렸다.

'작은 비용을 삼가라. 작은 구멍이 큰 배를 가라 앉힌다.' 는 말처럼 절약할 줄 모르는 사람은 결코 부자가 될 수 없다.

아끼는 것도 돈을 버는 방법의 한 가지이다. 작고 사소한 비용도 아낄 줄 알아야 진정한 부자라 할 수 있다.

집 안 곳곳에는 절약으로 돈을 벌 수 있는 것들이 숨어 있다

① 핸드폰 통화는 꼭 필요한 말만 하자.
② 학용품을 잃어버려서 다시 사는 일이 없도록 하자.
③ 물을 아껴 쓰는 것은 절약의 기본이다!
④ 사용하지 않는 방의 불은 끄자.
⑤ 컴퓨터는 시간을 정해 놓고 쓰자.
⑥ 쓰지 않는 전자제품의 코드를 뽑아 놓자.
⑦ 음식은 먹을 만큼만 만들자.

부자가 되려면 지금 당장 내가 사고 싶은 것을 참을 줄 아는 인내와 절약할 줄 아는 지혜가 필요하다. 절약하는 습관은 부자가 되는 필수 조건이다.

Rich Pocket money

Pocket money

나를 부자로 만드는
용돈 관리법

Rich Pocket money

049 용돈을 얼마를 받느냐보다 어떻게 쓰느냐가 더 중요하다
050 잃어버린 돈을 찾아라!
051 세뱃돈이 생기면 저축부터 하자
052 과소비와 절제는 언제 웃느냐의 차이
053 100원을 싸게 사면 100원을 번 것과 마찬가지!
054 싸다고 무조건 사는 것은 위험해
055 물건을 살 때는 세 번 생각하자
056 싼 가격보다는 품질을 먼저 생각하자
057 경품의 유혹에 넘어가지 말자
058 게임 속에 버려지는 시간과 돈
059 영수증은 꼭! 꼭! 모으자
060 떼쓰지 않고 용돈을 올리는 비법
경제 실천 _ 용돈 기입장은 부자가 되는 지름길

Pocket money

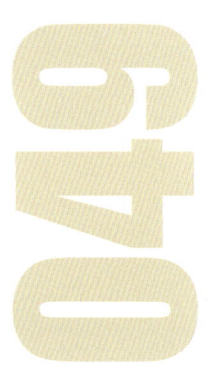

용돈을 얼마를 받느냐보다 어떻게 쓰느냐가 더 중요하다

한번 몸에 밴 습관은 쉽게 고쳐지지 않아. 좋은 소비 습관을 익혀야만 용돈이 모자라 쩔쩔 매는 일이 없을 거야.

아빠의 월급날, 맛있는 저녁 식사를 마치고 엄마가 용돈을 주셨어.

"경태는 4학년이니까 20,000원, 송이는 아직 3학년이니까 15,000원."

"고맙습니다."

송이는 인사를 하고 방으로 들어와 한 달 동안의 예산을 세웠어. 이렇게 예산을 세우면 한 달 동안 용돈에 맞게 생활할 수 있지.

| 한 달 용돈 15,000원 | 저축 5,000원 |
| 일 주일에 2,000원×4주 | 비상금 2,000원 |

다음으로 송이는 용돈 기입장에 꼭 사야 할 것을 적었어.

① 엄마 생일 선물   ② 머리띠   ③ 초콜릿

사고 싶은 것을 순서대로 적어 놓으면 편리해. 정말로 필요한 것부터 사서 낭비를 줄일 수 있기 때문이야.

송이는 동전이 생길 때마다 돼지 저금통에 저금했어. 하지만 경태는 용돈 받은 지 일 주일만 지나면 송이에게 용돈을 빌리러 와.

송이는 엄마처럼 잔소리를 했어.

"그러게. 돈 좀 아껴 쓰지. 왜 동생한테 돈을 빌리고 그래?"

엄마 생일날, 송이는 작은 생일 선물을 준비해 엄마께 드렸어. 하지만 경태는 머리만 긁적였어.

송이는 경태보다 용돈은 적지만 예산을 세우고 용돈을 관리한 덕에 돈을 낭비하지 않을 수 있었어. 반면 경태는 내키는 대로 돈을 썼기 때문에 정말 써야 할 곳에는 돈을 쓰지 못하고 동생한테 돈을 빌려야 했어.

용돈을 받게 되었다는 건 그만큼 책임감도 늘었다는 말이야. 한번 몸에 밴 습관은 쉽게 고쳐지지 않아. 좋은 소비 습관을 익혀야만 용돈이 모자라 쩔쩔 매는 일이 없을 거야. 용돈은 얼마를 타느냐보다 어떻게 예산을 세워 제대로 쓰느냐가 더 중요해.

050

잃어버린 돈을 찾아라!

성재가 돈을 제대로 관리했다면 이렇게 집 안 구석구석에 돌아다니는 돈은 없었을 거야. 그럼 용돈을 잃어버리지 않고 관리하려면 어떻게 해야 할까?

침대 밑에 500원짜리 동전 발견!

축구를 하고 집에 돌아온 성재는 배가 무척 고팠어. 성재는 간식을 사 먹으려고 호주머니를 뒤졌지만 오늘 따라 주머니 속엔 동전 한 푼 남아 있지 않았어.

그 때 성재의 머릿속에 떠오르는 생각이 있었어. 바로 집 안에 숨어 있는 돈을 찾아 내는 거였어.

성재는 우선 책상 서랍을 열어 보았어. 구석에서 100원짜리 동전 두 개가 반짝 빛나는 게 보였어. 장롱 문을 열고 재킷 호주머니를 뒤지자 300원이 나왔어. 마지막으로 침대 아래를 긴 자로 훑어내니 500원짜리 동전이 나타났어.

성재는 이 돈으로 슈퍼마켓에 가서 빵과 우유를 사 먹었어. 저녁이 되어 엄마가 돌아오시자 성재가 자랑하듯이 말했어.

"엄마, 오늘 내 방에서 잃어버렸던 천 원을 찾아 냈어요."

"이런, 그건 자랑할 게 아니야. 네가 그만큼 용돈 관리를 제대로 못 했다는 이야기야."

엄마의 말씀이 맞아. 성재가 돈을 제대로 관리했다면 이렇게 집 안 구석구석에 돌아다니는 돈은 없었을 거야. 그럼 용돈을 잃어버리지 않고 관리하려면 어떻게 해야 할까?

① 돈은 쓸 만큼만 지갑에 넣어 가지고 다니자. 돈을 한꺼번에 지갑에 넣고 다니면 씀씀이가 커지고 얼마를 썼는지 잘 모르게 되는 경우가 많다.
② 지금 당장 사용하지 않는 돈은 통장에 넣어 두거나 서랍 속에 봉투를 만들어 따로 보관하자.
③ 동전이 생기면 호주머니에 넣지 말고 꼭 동전 주머니에 넣자.

잃어버렸던 돈을 찾게 되었다고 너무 좋아만 하지 마. 이 돈은 자칫 영영 잃어버렸을 수도 있고, 이렇게 없어지는 돈이 모이면 엄청난 금액이 된다는 것을 잊지 마.

051

세뱃돈이 생기면 저축부터 하자

뜻하지 않게 많은 돈이 생겼을 때 돈을 쉽게 써버리지 않는 방법을 알려 줄까? 바로 돈을 은행에 저축부터 하는 거야.

설날 아침, 친척들이 모두 한자리에 모였어. 어른들은 덕담도 해 주시고 세뱃돈도 넉넉히 주셨어. 현규는 10만 원이 넘는 돈을 세뱃돈으로 받게 되었어.

차를 타고 집으로 오면서 현규는 세뱃돈을 어떻게 써야 할지 행복한 고민에 빠졌어.

현규는 일단 세뱃돈의 절반은 저축하고 나머지 반으로는 평소에 사고 싶었던 운동화를 사기로 했어.

현규와 달리 세뱃돈을 공돈이라 생각하고 아무렇게나 써 버리는 친구들도 많아. 돈이 생겼으니 쓰고 싶은 마음이 생기는 건 당연해. 하지만 사고 싶은 것을 다 사게 되면 저축할 수 있는 돈은 얼마 남지 않게 돼.

쓰고 남은 돈을 저축하는 게 아니라 저축을 먼저 하고 남은 돈을 써야 하는 거야. 저축을 하는 데에

할아버지는 저축을 최고로 여기셨단다.

도 요령이 있어.

① 매달 일정 금액을 정해 저축하자.
② 저축액은 용돈의 20~30% 정도가 적당하다.
③ 뜻하지 않게 생긴 돈의 반은 저축하자.
④ 모으고 싶은 목표액을 정하자.

뜻하지 않게 많은 돈이 생겼을 때 돈을 쉽게 써 버리지 않는 방법을 알려 줄까? 바로 돈을 은행에 저축부터 하는 거야. 이렇게 공돈이 생길 때마다 저축하는 습관을 들인다면 어느 새 예금 잔고가 많이 쌓이게 되고 쌓여 가는 예금 잔고를 보며 스스로 뿌듯한 마음이 들 거야.

'저축은 죽을 때까지 가져가야 할 습관'
이야. 현규가 저축한 세뱃돈은 목돈이 되어서 나중에 대학에 들어갈 때나 여행을 할 때 요긴하게 쓰일 거야.

과소비와 절제는 언제 웃느냐의 차이

과소비를 한다면 지금 당장은 웃을 수 있지만 정말 필요할 때 돈이 없어 못 쓰게 되는 경우가 생길 수 있어. 물건을 살 때는 자신의 형편을 잘 고려해서 써야 해.

연주 주위에 친구들이 모여들었어.

"귀걸이 예쁘다."

"그럼 너 가질래?"

연주는 망설임 없이 옆에 있던 친구에게 귀걸이를 내밀었어.

"나 줘도 돼?"

"난 엄마한테 또 사 달라고 하면 돼. 우리 엄마는 내가 원하면 다 사 주시거든."

"오늘 입은 옷도 못 보던 거네?"

"으응. 엄마랑 지난 주에 백화점에 가서 샀어. 이번 주에도 갈 거야."

친구들은 연주 옆에서 떠날 줄을 몰랐지만 송이는 왠지 연주의 모습이 좋아 보이지 않았어.

절제하고 아끼는 우리 엄마가 최고!

다음 날 마트 계산대 앞에서 연주와 연주네 엄마를 만났어.

"손님, 죄송한데 카드 한도가 넘어서 계산할 수 없는데요."

물건 값을 카드로 지불하려던 연주네 엄마의 얼굴은 금세 홍당무가 되었어. 송이를 발견한 연주 역시 창피해서 얼굴이 빨개졌어.

송이는 과소비 하는 연주네 엄마보다, 절제하고 아끼는 엄마가 더 자랑스러워 보였어. 송이 엄마는 꼭 필요한 물건인지, 가격은 적당한지 꼼꼼히 확인해 보고 물건을 구입하거든.

사람들이 필요한 것을 구입해서 쓰는 것을 '소비'라고 한다면 '과소비'는 지나친 소비를 말해. 꼭 필요하지 않은 데도 마구 사들인다거나 남한테 잘 보이기 위해 비싼 물건을 사는 경우가 바로 과소비야.

과소비를 한다면 지금 당장은 웃을 수 있지만 정말 필요할 때 돈이 없어 못 쓰게 되는 경우가 생길 수 있어. 물건을 살 때는 자신의 형편을 잘 고려해서 써야 해. 마지막에 웃는 사람은 절제하고 아끼는 사람이란다.

100원을 싸게 사면 100원을 번 것과 마찬가지!

물건을 판매하는 곳에 따라 물건 값은 차이가 나. 같은 물건이라도 백화점보다는 할인 마트가 더 저렴해. 할인 마트는 중간 유통 과정을 줄였기 때문에 물건을 싸게 구입할 수 있어.

경태가 예스 마트에서 막 아이스크림을 집어들려 할 때였어. 소망이가 경태의 옷소매를 잡아끌며 말했어.

"여기는 아이스크림 값이 100원이나 더 비싸. 길 건너 싱싱 마트로 가자."

"에이, 귀찮아. 그냥 여기에서 살래."

"무슨 소리야. 100원씩 10개를 사게 되면 천 원이나 차이가 나는데. 대신 여기는 과자 값이 싸니까 여기에서는 과자만 사고 아이스크림은 싱싱 마트에 가서 사자."

경태는 소망이의 말대로 예스 마트에서는 500원에 사 먹었던 아이스크림을 싱싱 마트에서 400원에 사 먹었어. 경태는 용돈을

100원 절약할 수 있어서 기분이 좋았어.

"히히, 소망이의 말을 듣길 잘했어. 앞으로는 아이스크림은 싱싱 마트에서 사고, 과자는 예스 마트에서 사야지."

물건을 판매하는 곳에 따라 물건 값은 차이가 나.

같은 물건이라도 백화점보다는 할인 마트가 더 저렴해. 백화점은 매장 인테리어와 직원들 월급, 편의 시설 등에 많은 돈을 쓰기 때문에 물건 값도 그만큼 비싸.

할인 마트는 중간 유통 과정을 줄였기 때문에 물건을 싸게 구입할 수 있어. 하지만 할인 마트도 판매하는 곳에 따라 물건 값이 차이가 난단다.

물건을 가장 싸게 살 수 있는 곳은 인터넷 쇼핑몰이야.

물건을 살 때는 적어도 세 군데 이상 가격을 비교해 보고 사는 게 좋아. 판매하는 곳에 따라 물건 값이 많게는 20~30% 이상 차이가 나기도 하거든. 대신 인터넷으로 물건을 살 때는 물건을 판매하는 업체가 믿을 수 있는 곳인지 먼저 확인해 보아야 해. 물건 값만 받고 물건을 보내 주지 않는 경우가 있으니 주의해야 해.

054 싸다고 무조건 사는 것은 위험해

'가격이 싸니 일단 사고 보자.'는 생각은 위험해. 이렇게 산 물건들은 십중팔구 구석에 쌓아 놓고 사용하지 않게 되거나 결국은 버리게 되고 말아.

〈백화점 정기 세일. 품목별 반값 세일〉

백화점은 입구에서부터 많은 사람들로 발 디딜 틈이 없었어. 연주는 사람들이 몰려 있는 곳으로 달려가 정신없이 옷을 골랐어. 왠지 지금 사지 않으면 손해인 것 같은 느낌이 들었거든.

'싸다, 싸! 이 때 고르지 않으면 언제 사겠어.'

싸다고 이것저것 고르다 보니 생각보다 많은 돈을 쓰게 되었어. 그런데 집에 와서 입어 보니 이걸 어째. 윗옷은 작아서 들어가지도 않고 재킷은 색깔이 영 마음에 들지 않는 거야. 결국 연주는 옷들을 옷장 한 구석에 쌓아 두었어.

평소에 사려고 마음먹었던 물건을 세일 기간에 싸게 구입하는 것은 잘하는 일이야. 하지만 별로 필요하지 않은 데도 할인이라는 말에 귀가 솔깃해 사는 물건들이 문제야.

이런 물건들은 싸다고 덥석 돈을 지불하기 전에 '**평소에 사려고 마음먹었던 물건인지, 더 싸게 살 수 있는 방법은 없는지, 품질은 믿을 만한지**'를 신중하게 생각해 보아야 해.

'가격이 싸니 일단 사고 보자.'는 생각은 위험해. 세일 판매하는 상품들은 대부분 교환이나 반품이 되지 않는 경우가 많아.

싸게 산 것 같지만 실은 돈은 돈대로 버리고 결국엔 쓰레기만 사 들고 들어온 꼴이 되는 거지. 이렇게 산 물건들은 십중팔구 구석에 쌓아 놓고 사용하지 않게 되거나 결국은 버리게 되고 말아. 싸다고 필요도 없는 물건을 사 들고 집에 들어오는 실수를 저지르지 말자.

물건을 살 때는 세 번 생각하자

물건을 사러 가기 전에 정확한 예산을 세우고 구매 목록을 작성해 가면 불필요한 낭비를 줄일 수 있다는 사실도 잊지 마.

"우와, 저거 새로 나온 캐릭터 필통이잖아."
경태가 문구점 안으로 뛰어들어가며 소리쳤어.
"어? 캐릭터 스티커도 새로 나왔네."
경태는 캐릭터가 그려진 물건들을 이것저것 사고 말았어.

하지만 집에 돌아와 책상 위에 놓고 보니 후회가 막심이야. 캐릭터 필통이 벌써 여러 개에다 필요도 없는데 사다 놓은 스티커들이 책상 서랍에 가득했기 때문이야.

사고 싶은 물건이 눈앞에 있는데 과감하게 돌아서기란 쉽지 않아. 하지만 이런 **후회를 하지 않으려면 물건을 사기 전에 꼭 생각해 보아야 할 것이 있어.**

꼭 필요한 물건이니?

① 꼭 필요한 물건인지를 생각한다

가지고 싶은 마음이 큰 것인지, 정말 꼭 필요한 물건인지 구분하자. 지금 당장 꼭 있어야 하는지, 만약 다음에 사도 괜찮다고 생각되면 잠시 미루도록 하자. 그 동안 다른 사람에게 얻거나 필요 없어질 수도 있기 때문이다.

② 집에 없는 물건인지 확인한다

물건을 사러 가기 전에는 집 안을 잘 살펴보도록 하자. 똑같은 물건을 사 들고 와서 후회하는 경우가 생기지 않도록 하자.

③ 나의 경제 사정을 생각한다

지금 가지고 있는 돈으로 살 수 있는 물건만 사자. 친구에게 빌리거나 무리를 해서 물건을 사는 일이 없도록 하자.

또 물건을 사러 가기 전에 정확한 예산을 세우고 구매 목록을 작성해 가면 불필요한 낭비를 줄일 수 있다는 사실도 잊지 마.

056

싼 가격보다는 품질을 먼저 생각하자

똑같은 물건을 다시 사지 않으려면 가격이 조금 비싸더라도 제대로 된 걸 고르는 게 좋아. 지금 당장은 부담이 될 수 있지만 길게 보면 오히려 절약하는 길이란다.

송이는 그 동안 모은 용돈으로 인라인 스케이트를 사러 마트에 갔어.

마트에는 여러 종류의 인라인 스케이트가 진열되어 있었어. 그런데 가격과 디자인이 천차만별이었어.

송이는 고민에 빠졌어.

"모두 비슷비슷해 보이는데 어떤 걸 사야 하지?"

마침, 정리 세일을 하는 인라인 스케이트가 눈에 들어왔어. 좀 허술해 보이긴 했지만 가격이 다른 물건에 비해 훨씬 저렴했어.

"뭐 다 똑같은 인라인 스케이트인데, 큰 차이가 있겠어?"

송이는 정리 세일을 하는 인라인 스케이트를 사 가지고 집에 돌아왔어. 돈을 아꼈다는 생각에 기분도 좋았어.

그런데 인라인 스케이트는 처음 신을 때부터 문제가 생겼어. 아파트 도로를 한 바퀴 돌았을 뿐인데 바퀴 한

저런, 벌써 고장난 거야?

쪽이 흔들거리는 거야. 며칠이 지나자 아예 바퀴가 떨어져 나갔어.

마트에 가서 바꿔 달라고 했지만 정리 세일 품목이라 교환이 안 된다는 거야.

송이는 무척 속이 상했어. 몇 달 동안 어렵게 모은 돈으로 산 인라인 스케이트가 사자마자 고장나 버렸으니 말이야.

전자 제품의 경우 같은 회사에서 만든 같은 디자인인데도 가격이 틀린 경우가 있어. 기능에 따라 가격이 달라지기 때문이야. 이런 경우 싸다고 덜컥 샀다가는 후회를 하기 쉬워. 내가 원하는 기능이 포함되어 있지 않아 불편을 겪을 수도 있기 때문이야.

물건을 살 때는 싼 가격보다도 품질을 먼저 생각해야 해. 똑같은 물건을 다시 사지 않으려면 가격이 조금 비싸더라도 제대로 된 걸 고르는 게 좋아. 지금 당장은 부담이 될 수 있지만 길게 보면 오히려 절약하는 길이란다.

057 경품의 유혹에 넘어가지 말자

경품은 공짜를 좋아하는 사람들의 심리를 이용한 상술이야. 사람들이 가지고 싶어하는 경품을 미끼로 물건을 더 많이 사도록 만드는 거지.

"에잇, 이번에도 꽝이잖아!"

경태가 과자 봉지 속에 들어 있는 경품 응모권을 쓰레기통에 던지며 말했어.

"오늘만 벌써 세 개째인데, 도대체 당첨이 왜 안 되는 거야?"

경태는 인라인 스케이트가 무척이나 가지고 싶었어. 그래서 인라인 스케이트를 경품으로 준다는 과자를 샀던 거야.

"5만 원어치 물건을 사면 5천 원짜리 프라이팬을 경품으로 드립니다."

백화점이나 할인 마트, 음식점에서도 매장을 방문하거나 일정한 액수만큼 물건을 사면 경품을 주는 경우가 있어. 요즘에는 노트북이나 자동차, 심지어 아파트를 경품으로 내걸기도 해.

'혹시, 이번에는 운이 좋아 경품에 당첨될지도 몰라.'

경품은 공짜를 좋아하는 사람들의 심리를 이용한 상술이야. 사람들이 가지고 싶어하는 경품을 미끼로 물건을 더 많이 사도록 만드는 거지. 사람들은 경품을 받기 위해 모자라는 금액만큼 물건을 더 사기도 하고 필요 없는 물건을 사기도 해.

　하지만 경품의 행운에 당첨될 확률은 매우 희박해. 경품을 타기 위해 물건을 사는 사람들은 많지만 경품에 당첨되는 예는 극히 적어.

　회사에서 경품을 내거는 이유는 경품으로 나가는 돈보다 벌어들이는 돈이 훨씬 많기 때문이야.

　과자 봉지, 음료수 병뚜껑 등 우리 주위에는 경품의 유혹이 곳곳에 널려 있어. 하지만 경품을 바라고 물건을 사는 것은 올바른 소비 습관이 아니야. 경품의 유혹에 넘어가 아까운 용돈을 허비하지 않도록 주의하자.

058 게임 속에 버려지는 시간과 돈

게임을 하는 동안은 재미있고 기분이 좋을 수 있어. 하지만 게임을 통해 버려지는 시간과 돈은 아무도 되돌려 주지 않는단다.

경태는 준비물을 사려고 문구점에 갔다가 게임기 앞을 지나게 되었어.

친구들이 게임을 하는 것을 보니 경태도 하고 싶어서 참을 수가 없었어.

그런데 100원, 200원 넣다 보니 어느 새 가지고 있던 돈을 모두 게임기 안에 넣어 버리고 말았어.

'큰일이다. 이제 준비물은 뭘로 사지?'

경태는 후회가 파도처럼 밀려왔지만 이미 게임기 속으로 빨려들어간 돈은 어떻게 할 수가 없었어.

인터넷 게임도 마찬가지야. 인터넷 게임에 한번 빠져들면 벗어나기가 쉽지

않아.

　수업 시간이나 밥을 먹을 때, 잠을 잘 때도 게임 아이템이 머릿속을 왔다갔다해. 그런가 하면 용돈을 몽땅 아이템을 구입하는 데 쓰거나 심지어 부모님 몰래 전화를 이용해 아이템을 구입하는 친구들도 있어.

　게임을 하기 위해서는 돈이 들어. 인터넷 전용선 사용 요금, 전기료, 게임 아이템 구입비 등. 하지만 이 가운데에서도 가장 아까운 것은 너의 시간이야.

　하루에 한 시간씩 인터넷 게임을 한다고 치자. 이 시간을 활용하면 부모님과 정답게 이야기를 할 수도 있고, 친구들과 운동장에서 뛰어놀 수도 있고, 또 뒤쳐진 공부를 할 수도 있을 거야.

　게임을 하는 동안은 재미있고 기분이 좋을 수 있어. 하지만 게임을 통해 버려지는 시간과 돈은 아무도 되돌려 주지 않는단다.

돈과 시간이 새는 걸 모르나 봐.

영수증은 꼭! 꼭! 모으자

아무리 적은 돈이라도 물건을 사고 난 다음에는 꼭 영수증을 받아야 해. 영수증은 물건을 교환하거나 환불을 할 때 꼭 필요하기 때문이야.

경수는 서점에 가서 참고서를 구입했어. 계산원은 경수에게 영수증을 주었어.

'영수증 같은 거 귀찮은데 꼭 챙겨야 하나?'

경수는 바지 주머니에 영수증을 구겨 넣었어.

그런데 며칠 후 경수보다 한 학년 위의 사촌 누나가 서점에서 산 것과 똑같은 참고서를 가져다 주었어.

"경수야, 내가 깨끗하게 봤으니까 이 참고서 네가 써."

경수는 지난번에 서점에서 샀던 참고서를 바꾸러 갔어.

"똑같은 참고서가 있어서 그러는데 다른 책으로 바꿔 주세요."

"네, 손님. 영수증 좀 보여 주세요."

"네? 영수증이요?"

경수는 바지 주머니를 뒤졌어. 그런데 영수증이 어디로 빠져버렸는지 찾을 수가 없었어. 경수가 머리를 긁적이며 말했어.

"영수증을 잃어버렸나 봐요."

"죄송합니다, 손님. 영수증이 없으면 교환이 되지 않습니다."

경수는 결국 참고서를 다시 들고 와야 했어. 영수증만 있었으면 다른 책으로 바꾸어 볼 수 있었을 텐데 말이야.

아무리 적은 돈이라도 물건을 사고 난 다음에는 꼭 영수증을 받아야 해. 영수증은 물건을 교환하거나 환불을 할 때 꼭 필요하기 때문이야. 그리고 영수증을 꼬박꼬박 모아 놓으면 돈을 어디에 썼는지 알 수 있어서 편리해.

신용카드와 현금을 사용하고 받은 영수증을 연말에 국세청에 내면 **소득공제** 혜택도 받을 수 있어. 소득공제란 벌어들인 소득에 대해 내야 하는 세금 중 일정 금액을 돌려 주는 걸 말해.

나라에서는 영수증을 근거로 사업자들에게 세금을 받을 수 있어 나라의 재정도 튼튼해져.

귀찮다고 버리지 말고 영수증은 꼭! 꼭! 모으는 습관을 들이자.

영수증이 돈이다!

060

떼쓰지 않고 용돈을 올리는 비법

평소에 절약하는 모습을 보여 드리며 부모님의 신임을 얻는다면 용돈을 올리는 게 그리 어려운 일은 아닐 거야. 그렇지만 용돈이 올라가는 만큼 돈에 대한 책임감도 늘어난다는 걸 명심하자.

초등학생이 쓸 수 있는 돈은 부모님께 받는 용돈이 대부분이야. 그러다 보니 필요한 건 많고 용돈은 부족하게 느껴질 때가 있을 거야. 정말 용돈이 모자란다고 판단이 서면 부모님께 용돈을 올려달라고 이야기하자.

① 먼저 왜 용돈을 올려야 하는지 부모님께 조리있게 설명한다
무조건 용돈을 올려 달라고 떼를 쓰거나 '친구들과 비교해서, 사고 싶은 게 너무 많아서' 등의 이유는 피하자.

② 용돈의 범위를 정한다
학용품이나 참고서 구입비 등을 포함시킬 것인지 아닌지 등을 정한다.

③ 내가 원하는 정확한 용돈의 액수를 말씀드리자
"5천 원이나 만 원쯤이 더 필요해요."가 아니라 "만 원이 더 필요해요."라고 정확한 액수를 말씀

드리자.

④ 그 동안 꼼꼼하게 적은 용돈 기입장을 보여 드린다

용돈 기입장과 함께 그 동안 용돈을 절약하기 위해 노력했다는 것을 말씀드린다.

⑤ 저축 액수를 늘리겠다고 이야기한다

단순히 소비만 늘리겠다는 말보다는 저축도 함께 늘리겠다고 이야기하는 것이 훨씬 효과적이다.

⑥ 적당한 시기를 고른다

새 학기가 시작되거나 생일 때 자연스럽게 이야기를 꺼내는 것이 가장 좋다. 아마 부모님도 '음, 이제 나이도 한 살 더 먹고 새 학년이 되었으니 용돈이 더 필요할 거야.' 하고 생각하고 계실지도 모르기 때문이다. 또 바쁜 아침 시간보다는 조용히 이야기가 가능한 저녁 시간에 말씀드리자.

⑦ 주의할 점

부모님이 다투셨거나 돈 때문에 걱정하고 계실 때는 절대 피해야 한다. 용돈을 올리기는커녕 오히려 꾸중만 듣게 되기 쉽다.

평소에 절약하는 모습을 보여 드리며 부모님의 신임을 얻는다면 용돈을 올리는 게 그리 어려운 일은 아닐 거야. 그렇지만 용돈이 올라가는 만큼 돈에 대한 책임감도 늘어난다는 걸 명심하자.

경 / 제 / 실 / 천

용돈 기입장은 부자가 되는 지름길

용돈을 받은 지 며칠밖에 지나지 않았는데 지갑 안이 텅 비었다고?

그렇다면 용돈을 규모 있게 제대로 쓰지 못했다는 증거이다. 이런 일을 막기 위해서는 용돈 기입장을 써야 한다.

처음에는 기록하는 것이 귀찮게 느껴지겠지만 용돈 기입장은 꼭 쓰도록 하자. 용돈 기입장을 쓰게 되면 돈을 어디에 사용했는지 알 수 있어 용돈을 규모 있게 쓸 수 있게 된다.

용돈 기입장을 쓰게 되면 좋은 점
① 용돈을 꼭 필요한 곳에 규모 있게 쓸 수 있다.
② 용돈이 모자라 쩔쩔 매는 일이 없어진다.
③ 나의 지출 내역을 일목요연하게 알 수 있다.
④ 불필요한 낭비를 줄일 수 있다.

용돈 기입장을 쓸 때 유의해야 할 점
① 한 달 용돈에 대한 예산을 세우자.
② 매일매일 빠지지 않고 쓴다.
③ 한 달이 지나면 결산을 한다.
④ 한 달 동안의 수입과 지출을 꼼꼼히 살펴 다음 달에 반영한다.

〈용돈 기입장의 예〉

날짜	내용	수입	지출	잔액
5월 1일	용돈	15,000		15,000
5월 2일	지우개 1개		500	14,500
5월 3일	준비물		2,000	12,500
5월 5일	심부름하고 받은 용돈	1,000		13,500

　예산을 세울 때 용돈의 일정 비율을 미리 저축액으로 남겨 두면 저축하는 습관을 기를 수 있다. 이 때 저축액은 용돈의 3분의 1 정도가 적당하다.
　'세 살 버릇 여든까지 간다.'는 속담처럼 어릴 때부터 용돈을 체계적으로 관리하는 습관을 갖다 보면 어른이 되어서도 풍요롭고 짜임새 있는 경제 생활을 할 수 있다.

Rich Future

Future

#6
부자 어린이의 미래 계획

Rich Future

061 자기 계발이 곧 미래다
062 아이디어가 왜 돈이 될까?
063 내가 정말 하고 싶은 일을 찾자
064 부자 스승을 만들자
065 '할 수 있다!' 만 생각하자
066 컴퓨터의 황제 빌 게이츠의 성공 요인
067 월마트의 창립자 샘 월튼의 성공 비결
068 세계적인 투자가 워런 버핏의 투자와 성공
069 예금의 종류
070 부동산과 복리 투자
071 주식에 투자해요
072 나도 사업가!
경제 실천 _ 나도 미래의 부자가 될 수 있다!

061

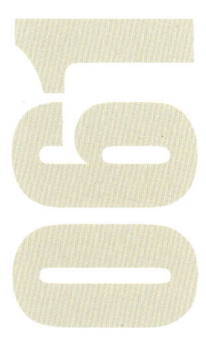 

자기 계발이 곧 미래다

절약도 물론 중요하지만 나가는 돈을 줄이기 위해 자기 계발을 소홀히 하는 사람은 정말 어리석은 사람이야.

회사가 망하는 바람에 같은 회사에 다니던 봉팔이와 경수가 갑자기 일자리를 잃게 되었어.

봉팔이는 무조건 돈을 아껴야 한다고 생각했어.

'당분간은 학원도 그만 다니고 책도 사지 말아야겠어. 친구를 만나면 돈을 쓰게 되니 친구들하고도 연락을 끊자.'

경수는 봉팔이와는 정반대의 생각을 했어.

'이런 때일수록 더 배워야 해. 학원도 열심히 다니고 책도 더 열심히 보자. 친구들도 자주 만나 더 많은 정보를 얻어야지.'

그리고 일 년의 시간이 흘렀어. 두 사람은 어떻게 변해 있을까?

봉팔이의 경우 조그만 회사에 취직을 했지만 예전에 비해 형편은 그다지 나아지지 않았어.

경수는 그 동안 학원에서 전문 기술을 배웠어. 친구의 소개로 전에 다니던 회사보다 근무 조건이 좋은 회사에 취직도 했어. 또 책에서 얻은 지식을 바탕으로 새로운 제품 개발 아이디어를 제안해 월급도 올려 받을 수 있었어.

힘들고 어려운 때일수록 자기 계발에 더욱 힘을 기울여야 하는 이유가 여기에 있어.

절약도 물론 중요하지만 나가는 돈을 줄이기 위해 자기 계발을 소홀히 하는 사람은 정말 어리석은 사람이야.

자기 계발을 위해 쓰는 돈은 써서 없어지는 돈이 아니야. 미래를 위한 투자라고 할 수 있어. 자기 계발에 대한 투자는 그 가치가 5배로 불어 돌아온다고 해. 어때, 정말 남는 장사지?

움직이면 더 가라앉을지 몰라.

이럴 때일수록 더 높은 도약이 필요해.

아이디어가 왜 돈이 될까?

앞으로 성공하는 사람은 아이디어가 넘치는 사람이야. 사람들이 필요로 하는 것이 무엇인지 생각해 내어 사업 아이디어로 발전시킬 수 있는 사람이 바로 부자가 될 수 있는 사람이야.

1930년대 미국 남부의 켄터키 주에 샌더스라는 남자가 살고 있었어. 샌더스는 그 곳에서 작은 주유소를 경영하고 있었지. 그는 주유소에 들르는 사람들을 보며 생각했어.

"저 사람들에게 기름 말고 뭔가 팔 수 있는 게 없을까?"

그 때 샌더스의 머릿속에 떠오르는 아이디어가 있었어.

"맞아, 여행을 하다 보면 배가 고플 거야. 주유소 옆에 식당을 만들자. 그리고 먹기 편한 메뉴를 개발해 팔아 보는 거야."

미국은 워낙 큰 나라이기 때문에 한번 길을 나섰다 하면 오랜 시간 자동차를 몰아야 한다는 것에 착안한 아이디어였지.

샌더스는 자신이 개발한 프라이드 치킨과 음료수를 주유

소 옆 식당에서 팔기 시작했어. 샌더스의 아이디어는 대성공을 거두었어. 지금은 세계 80여 개 나라에 만여 개에 이르는 체인점을 가진 거대 기업이 되었지. 샌더스의 식당이 바로 지금의 켄터키 후라이드 치킨이야.

남이 미처 떠올리지 못하는 생각, 아이디어는 곧 상상력이야.

좋은 아이디어는 바로 생활 속에 있어. 그러기 위해선 사람들이 살아가는 모습을 유심히 관찰하는 것이 필요해.

가까운 예로는 김치 냉장고를 들 수 있어. 김치를 즐겨 먹는 한국인의 식성과 틈새 시장을 이용한 아이디어 상품이지. 처음에는 아무도 김치 냉장고가 필요하리라고 생각하지 못했어. 하지만 요즘은 냉장고와 함께 꼭 필요한 가전 제품 중의 하나가 되었지.

앞으로 성공하는 사람은 아이디어가 넘치는 사람이야. 사람들이 필요로 하는 것이 무엇인지 생각해 내어 사업 아이디어로 발전시킬 수 있는 사람이 바로 부자가 될 수 있는 사람이야.

내가 정말 하고 싶은 일을 찾자

'실패해도 웃을 수 있는 일을 해라.'라는 말이 있어. 정말로 일을 즐기는 사람은 일이 잘 되지 않을 때도 재미있게 일할 수 있는 사람이야.

누군가 "네 꿈이 뭐니?"라고 물었을 때 너는 어떻게 대답할래?

"전 하고 싶은 일이 없는데요."

"그냥 아무거나 될래요."

혹시 이런 대답을 하는 친구가 있다면 지금부터라도 정말 하고 싶은 일이 무엇인지 생각해 보도록 하자.

'세상은 꿈꾸는 자의 것'이라는 말을 들어 본 적이 있을 거야.

포드 자동차의 창업자인 헨리 포드는 시계 가게의 견습생이었어. 하지만 포드는 시계 수리공이 되는 데 만족하지 않았어.

"자동차는 미국인들이 꿈에 그리는 상품이 될 거야."

기계 만지는 것을 좋아하던 포드는 자동차를 만들겠다는 꿈을 품게 되었지. 포드는 시계 수리를 하며 생활에 필요한 돈을 벌고, 조선소와 자동차 부품을 생산하는 공장에 다니며 자동차에 대한 지식과 기술을 배워 나갔어.

당시만 해도 자동차는 매우 고가여서 일부 부유한 사람들만 탈 수 있었어.

'저렴한 가격에 누구나 탈 수 있는 자동차를 만들어야지.'

포드는 마침내 휘발유를 사용하는 자동차를 만들어 냈고 포드 자동차 회사를 세웠어. 지금도 포드 자동차는 세계 3위의 자리를 굳건히 지키고 있어.

성공하기 위한 첫 번째 법칙은 '진정으로 행복한 일을 찾는 것'에서 시작해.

'실패해도 웃을 수 있는 일을 해라.'라는 말이 있어. 정말로 일을 즐기는 사람은 일이 잘 되지 않을 때에도 재미있게 일할 수 있는 사람이야.

나는 어떤 일을 할 때 가장 행복할까? 내가 정말 하고 싶고 잘할 수 있는 일은 무엇인지 진지하게 생각해 보자.

064

부자 스승을 만들자

유대인들은 어려서부터 '탈무드'를 통해 경제 활동에 대한 많은 지식을 배우며 자란다고 해. 그래서인지 세계적으로 유명한 부자 중에는 유대인이 많아.

나를 이끌어 줄 좋은 스승을 만난다는 건 세상을 살아가면서 받는 가장 큰 축복 가운데 하나야. 사람들이 부자가 되지 못하는 이유 가운데 하나는 부자가 되는 길을 알려 주는 부자 스승이 없었기 때문이야.

그렇다면 어떤 사람을 부자 스승으로 삼아야 할까?

어려서부터 부모에게 경제 교육을 받은 사람들이 부자가 될 가능성이 높아. 그런데 부자 스승은 꼭 부모님이 아니어도 상관 없어. 부자 스승은 이웃이나 친척, 친구 중에서도 찾을 수 있어. 또 책이나 인터넷을 통해 이미 앞서 성공한 사람들을 부자 스승으로 삼을 수도 있어.

돈만 많다고 무조건 부자 스승이라고 할 수는 없어. 돈의 가치를 알고 돈을 제대로 관리할 줄 아는 사람이어야 해.

유대인들은 어려서부터 '탈무드'를 통해 경제 활동에 대한 많은 지식을 배우며 자란다고 해. 그래서인지 세계적으로 유명한 부자 중에는 유대인이 많아.

부자 스승을 만든 다음에는 성공한 사람들의 행동 양식이나 투자 방법을 눈여겨 보았다가 나의 것으로 만들어야 해.

똑같은 문제나 상황에 맞닥뜨렸을 때 부자 스승이라면 어떻게 했을지 생각해 보는 거야.

"피터 린치라면 어떻게 했을까?"

"조지 소로스라면 어떻게 했을까?"

"잭 웰치라면 어떻게 했을까?"

부자들에게는 반드시 성공한 이유가 있어. **부자가 되는 가장 빠른 길은 성공한 부자들의 뒤를 좇아가는 일이야.** 부자 스승을 만드는 것은 부자가 되는 지름길이란다.

'할 수 있다!'만 생각하자

성공하지 못하는 사람들은 어떤 일이 생겼을 때 '할 수 없다.'라는 생각을 먼저 떠올려. 반면 성공한 사람들은 항상 '어떻게 하면 더 잘할 수 있을까?'를 먼저 생각한단다.

현규는 MP3 플레이어가 너무 갖고 싶어 엄마를 졸라 보았지만 소용없었어.

'휴우, 10만 원이나 하는 돈을 언제 모아서 MP3 플레이어를 사지? 나한텐 불가능한 일이야.'

'용돈을 아껴서 한 달에 만원씩 저금을 하면 10개월 후엔 MP3 플레이어를 살 수 있을 거야.'

어떤 마음가짐을 갖느냐에 따라 10개월 후에 MP3 플레이어를 갖게 될 수도 있고 영영 가질 수 없게 될 수도 있어.

미국 플로리다 주의 스프링필드 근처에는 아주 험한 고갯길이 하나 있다고 해. 이 고갯길은 험하다는 소문이 나서 점차 다니는 차들이 없어졌어.

사람들이 미리 겁을 먹고 멀리 돌아가야 하는 다른 길을 택하기 때문이지. 그러자 이 고갯길은 점점 못 쓰게 되어 폐쇄될 위기에 놓이게 되었어.

그러던 어느 날 누군가 고갯길 입구에 '당신도 할

수 있다!' 라는 푯말을 세워 놓았어. 놀라운 일이 벌어진 건 그 다음부터야. 고갯길을 다니는 차들이 다시 늘어나기 시작한 거야.

"할 수 있다고? 그래, 한번 가 보는 거야!"

"이 정도 고갯길쯤 아무것도 아니야!"

푯말을 본 사람들이 용기를 내어 고갯길을 올랐기 때문이야.

성공하지 못하는 사람들은 어떤 일이 생겼을 때 '할 수 없다.'라는 생각을 먼저 떠올려. 반면 성공한 사람들은 항상 '어떻게 하면 더 잘할 수 있을까?'를 먼저 생각한단다.

컴퓨터의 황제 빌 게이츠의 성공 요인

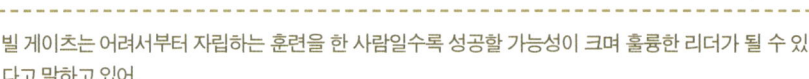

빌 게이츠는 어려서부터 자립하는 훈련을 한 사람일수록 성공할 가능성이 크며 훌륭한 리더가 될 수 있다고 말하고 있어.

'컴퓨터의 황제, 세계 최고의 부자.'

모두 마이크로소프트 사의 빌 게이츠를 일컫는 말이야.

빌 게이츠는 어렸을 때부터 남에게 지기 싫어하고 한번 시작한 일에 끈질기게 집중하는 성격이었어.

중학교 1학년 때 컴퓨터에 빠져든 빌 게이츠는 프로그래머가 되어 돈을 벌기도 하고 고등학교 때에는 회사에 취직할 정도로 실력이 뛰어났어.

빌 게이츠는 '머지않아 컴퓨터가 없으면 안 되는 세상이 올 거야.'라는 생각을 갖고 스무 살 때 학교를 중퇴하고 친구인 폴 알렌과 함께 마이크로소프트 사를 차렸어.

1995년에 '윈도우즈 95'를 출시함으로써 개인용 컴퓨터 소프트웨어의 새로운 시대를 열게 돼. '모든 사람들의 책상 앞에 컴퓨터를 놓겠어.'라는 그의 목표가 실현된 셈이었지.

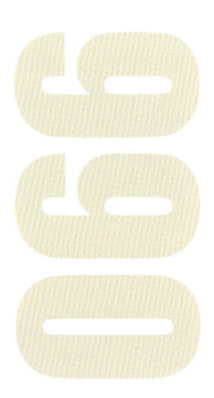

이후 마이크로소프트 사는 독보적인 기술력과 빌 게이츠의 뛰어난 경영 능력으로 미국 증시를 대표하는 회사로 성장했어.

빌 게이츠는 성공 요인으로 '자립 정신, 창의력, 도전 정신'을 꼽았어.

첫 번째 자립 정신.

빌 게이츠는 어려서부터 자립하는 훈련을 한 사람일수록 성공할 가능성이 크며 훌륭한 리더가 될 수 있다고 말하고 있어.

두 번째 창의력.

빌 게이츠는 직원들의 창의성을 이끌어 낼 수 있도록 최대한 쾌적한 근무 환경을 제공하고 있으며 끊임없이 신제품을 개발하고 시장의 변화에 준비를 하고 있어.

마지막으로 도전 정신.

빌 게이츠는 미래를 예측해 계획을 세우고 일단 목표가 정해지면 주저하지 않고 온 힘을 다해 뛰어들었어.

이러한 성공 요인에 힘입어 빌 게이츠는 37세에 세계 1위의 부자가 되었고 지금까지도 변함없이 그 자리를 지키고 있단다.

월마트의 창립자
샘 월튼의 성공 비결

샘 월튼은 매일 새벽 4시 30분에 사무실에 나와 하루의 일을 시작했다고 해. 일 주일에 서너 차례씩은 매장을 방문했고, 최소한 1년에 한 번씩은 전국의 모든 매장을 둘러보았어.

1962년 샘 월튼은 미국의 아칸소라는 작은 마을에 '월마트'라는 할인마트를 열었어. 이후 월마트는 30여 년 만에 미국에만 3천 개의 매장이 있고 전세계적으로도 천여 개나 되는 매장을 거느린 거대 기업이 되었어.

이렇게 월마트를 성공으로 이끈 샘 월튼의 성공 비결은 뭘까?

샘 월튼의 경영 철학은 의외로 간단해.

첫 번째가 '싸게 사서 싸게 판다.'는 거야.

샘 월튼은 항상 경쟁사보다 싸게 팔기 위해서 촉각을 곤두세웠어. 시도 때도 없이 경쟁사의 매장을 찾아다니며 매장 안의 모든 소리들을 녹음하고 이를 분석했어. 그래서 한때 샘 월튼은 '훔쳐보기 대장'으로 불리기까지 했어.

두 번째로, 손님은 왕이라는 '고객 제일 주의'를 실천했어.

진열대 위의 상품들을 고객들이 고르기 쉬운 위치에 적절히 배치하고 고객을 따뜻하고 정중하게 대하도록 종업원들을 교육시켰어.

"항상 고객들에게 신뢰를 주어야 하며, 고객을

믿어야 한다. 그러면 고객은 당신에게 와서 물건을 살 것이다."

세 번째로 샘 월튼은 종업원들에게 새로운 아이디어를 내도록 격려했어. 또 어려운 일이 생길 때에는 종업원들과 함께 풀어 나가려고 노력했어.

매장의 종업원들 이름을 거의 외우는 그를 직원들은 '미스터 샘'이라고 부르며 무척 친근하게 대했다고 해.

한편 샘 월튼은 부지런한 사업가로도 유명해. 매일 새벽 4시 30분에 사무실에 나와 하루의 일을 시작했다고 하니 말이야. 일 주일에 서너 차례씩은 매장을 방문했고, 최소한 1년에 한 번씩은 전국의 모든 매장을 둘러보았어.

이러한 경영 철학에 힘입어 월마트는 샘 월튼이 죽은 지 10년 후인 2001년, 세계 유수의 기업들을 제치고 세계 1위 기업의 자리를 차지했어.

080

세계적인 투자가 워런 버핏의 투자와 성공

워런 버핏은 투자 실력만큼이나 돈을 지혜롭게 쓰는 법을 알고 있는 사람이야. 그는 '나 한 사람의 기부로 60억 명이 혜택을 볼 수 있다면 훨씬 잘한 일이다.'라고 말했어.

세계적인 투자가 워런 버핏은 세계 경제가 아주 어려웠던 '경제 대공황' 시대에 어린 시절을 보냈어. 증권사에서 일하던 아버지 덕에 어려서부터 주식에 대해 많은 정보를 얻을 수 있었지.

워런 버핏이 처음으로 주식 투자를 시작한 건 11살 때였어. '시티스 서비스'라는 회사의 주식을 37달러에 사서 40달러에 팔아 3달러의 이익을 남길 수 있었어.

워런 버핏은 그 후 신문 배달과 아르바이트를 통해 모은 100달러로 본격적으로 주식 투자를 시작했어.

워런 버핏의 투자 원칙은 '첫째, 돈을 벌기 위해서는 절대 돈을 잃어서는 안 된다. 둘째, 이 첫 번째 원칙을 절대 잊지 말아야 한다.'는 것이야.

워런 버핏의 주식 투자는 '가치 투자'로 불려. 단기적인 시세 차익보다는 우량 기업의 주식을 사서 길게는 수십 년 간 보유하는 장기 투자 방식이야.

'평가할 수 없는 기업엔 투자하지 않는다.'는 원칙을 지켜 초창기 마이크로소프트 사의 주식도 사지 않았을 정도였어.

워런 버핏은 연 평균 20% 이상의 투자 수익률을 목표로 설정하고 투자를 시작했는데 45년에 걸쳐 연평균 약 30%에 이르는 투자 수익률을 올렸어.

워런 버핏은 투자 실력만큼이나 돈을 지혜롭게 쓰는 법을 알고 있는 사람이야. 자식들에게 재산을 물려주는 대신 전재산의 85%인 3,370억 원의 재산을 조건 없이 사회에 기부하겠다고 밝혀 세상을 깜짝 놀라게 했어.

그는 "나 한 사람의 기부로 60억 명이 혜택을 볼 수 있다면 훨씬 잘한 일이다."라고 말했어. 현재 워런 버핏은 미국인들에게 존경받는 경제 인물 1위에 올라 있단다.

예금의 종류

금융 상품은 주로 은행과 보험사, 증권사 등에서 판매하는데 금융 상품에 따라 이자율과 세금 혜택 등이 다양해. 좋은 금융 상품을 고르려면 시간과 노력을 들여 꼼꼼하게 따져보고 선택해야 해.

돈을 모을 수 있는 가장 기본적인 방법은 은행에 돈을 저축하는 일이야. 이것을 예금이라고 하는데 '보통 예금, 정기 적금, 정기 예금'으로 나눌 수 있어.

아무 때나 입금하거나 찾을 수 있는 예금을 '보통 예금'이라고 해. 아무 때나 넣었다 꺼냈다 할 수 있어서 용돈을 관리할 때 편리해. 하지만 입출금이 자유로운 만큼 이자는 매우 낮아.

'정기 적금'은 매달 얼마간의 돈을 1년 혹은 여러 해 동안 꾸준하게 저축하는 것을 말해. 목돈을 모으고 싶을 때 주로 이용하는 방법이야.

'정기 예금'은 일정한 목돈을 은행에 맡겨 놓는 것을 말해. 지금 당장 쓸 필요가 없는 큰돈을 은행에 맡겨 이자를 받는 방법이지.

사람들이 자주 이용하는 금융 상품으로는 MMF와 CMA 등이 있어.

'MMF'는 목돈을 가지고 있는 사람이 투자할 곳을 찾느

라 며칠 혹은 짧은 기간 동안 이자를 불리려는 목적으로 주로 이용해. 보통 예금보다 이자율은 높지만 돈을 맡기고 찾는데 하루 정도의 시간이 걸리는 단점이 있어.

'CMA'는 증권사에서 취급하는 금융 상품이야. 은행의 보통 예금과 똑같이 수시로 입출금이 가능하고 이자율이 높아 최근 많은 인기를 끌고 있어. 또 자동 이체와 인터넷 뱅킹도 가능해서 편리해.

예금에 대한 이자를 받는 방법은 '단리'와 '복리'로 나눌 수 있어.

단리는 원금에 대해서만 이자를 계산하는 방법이고, 복리는 원금에 대한 이자뿐 아니라 이자에 대한 이자도 함께 계산하는 방법을 말해.

금융 상품은 주로 은행과 보험사, 증권사 등에서 판매하는데 금융 상품에 따라 이자율과 세금 혜택 등이 다양해. 좋은 금융 상품을 고르려면 시간과 노력을 들여 꼼꼼하게 따져보고 선택해야 해. 지금 어떤 선택을 하느냐에 따라 앞으로의 수익에 많은 차이가 생기기 때문이야.

부동산과 복리 투자

부동산 투자는 큰돈과 오랜 시간을 들여야 하는 투자 방법인 만큼 신중하게 해야 해. 지금 당장의 이익보다는 앞으로의 가치와 이익에 중점을 두어 부동산을 선택해야 후회 없는 투자를 할 수 있는 거야.

"휴우, 집값이 또 올랐네. 우린 언제 집을 사지……."
"음, 우리 집값이 올랐군. 그 때 집을 사길 잘했어."

부동산에 대해 걱정하거나 부동산 가격이 올라 기뻐하는 이야기를 들어 본 적이 있을 거야.

부동산 투자는 토지나 건물 등을 사서 수익을 올리는 방법이야. 주식과 함께 가장 많이 이용하는 투자 방법의 하나이지.

부동산에 관한 재미있는 이야기가 있어.

미국의 49번째 주인 알래스카는 원래 러시아 땅이었어. 1867년에 미국이 현재의 돈으로 따지면 약 80억 원에 해당하는 돈을 내고 알래스카를 사들였어.

처음에 미국인들은 알래스카를 별볼일 없는 땅이라고 생각했어. 아무 쓸모도 없는 땅을 사들였다며 알래스카를 사들이는데 결정적인 역할을 한 미국의 국무장관 윌리엄 H. 수어드를 비난하기도 했지.

하지만 이 생각은 곧 바뀌었어. 알래스카에 석유를 비롯한 엄청난 지하 자원이 묻혀 있다는 것이 판명되었기 때문이야. 현재까지 알려진 바에 의하면 그 가치는 측정할 수 없을 정도로 엄청나다고 해. 미국은 알래스카라는 부동산을 사들여 엄청난 이익을 보고 있는 셈이지.

일반적으로 부동산의 가치는 활용도와 위치 등에 따라 결정돼. 같은 땅이라도 학교를 짓느냐, 아파트를 짓느냐, 상업 활동을 할 수 있는 가게나 점포를 지을 수 있는 곳이냐에 따라 가격이 다르게 정해져.

또 상가가 몰려 있는 지역이거나 근처에 지하철 역이 있어 교통이 편리한 경우 등, 위치와 지역에 따라 가격에서 많은 차이를 갖게 돼.

부동산 투자는 큰돈과 오랜 시간을 들여야 하는 투자 방법인 만큼 매우 신중하게 해야 해. 지금 당장의 이익보다는 앞으로의 가치와 이익에 중점을 두어 부동산을 선택해야 후회 없는 투자를 할 수 있는 거야.

UP! Down!
주식에 투자해요

주식 투자를 하는 사람은 무엇보다 시장의 정보를 많이 알고 있어야 해. 그러기 위해서는 끊임없이 경제 신문이나 인터넷 등을 통해 경제의 흐름을 파악하는 것이 중요해.

저축을 통해 모은 돈은 이자를 많이 주는 금융 상품에 투자할 수도 있고, 직접 주식에 투자할 수도 있어.

주식 투자는 주식이 오르고 내리는 것을 이용해 돈을 버는 투자 방법이야. 이익을 많이 내거나 앞으로 돈을 많이 벌 수 있을 거라 예상되는 회사의 주식은 가격이 올라가. 반대로 이익을 내지 못한 회사의 주식은 가격이 내려가게 되지.

주식 가격이 오르면 돈을 벌 수 있지만 반대로 내리면 손해를 보게 돼. 더구나 회사가 망하게 되면 주식은 하루 아침에 휴지 조각이 되고 말아. 그래서 주식 투자를 할 땐 신중해야 해. **주식 투자를 할 때는 샀다 팔았다를 반복하기보다는 일정 기간 동안 가지고 있다가 예상한 금액만큼 올랐다고 판단될 때 파는 것이 좋아.** 또 한 종목만 사지 말고 여러 개의 종목에 나누어 투자하면 한 종목에서 손해를 보더라도 다른 종목에서 이익을 볼 수 있어.

주식 투자를 하는 사람은 무엇보다 시장의 정보를 많이 알고 있어야 해. 그러기 위해서는 끊임없이 경제 신문이나 인터넷 등을 통해 경제의 흐름을 파악하는 것이 중요해.

　성공한 투자가의 투자 방법을 따라하는 것도 안전하게 투자 수익을 올릴 수 있는 방법 중의 하나야.

　그래도 직접 주식에 투자하기가 망설여진다면 '펀드'를 이용하는 것도 좋은 방법이야. 펀드 매니저들이 알아서 주식이나 채권 등에 투자를 해 주기 때문에 위험과 수고를 줄일 수 있어. 펀드는 상품에 따라 수익률에 차이가 나기 때문에 잘 살펴보고 가입해야 해.

　요즘에는 우리 나라에도 어린이를 위한 펀드가 나와 있어. 어린이 펀드에 가입하면 경제 교실에 참석하게 해 주거나 상해 보험을 무료로 들어 주기도 해.

　어린이들이라도 무리하지 않는 범위 안에서 하는 주식 투자는 경제 감각을 키우는데 도움을 줄 수 있어.

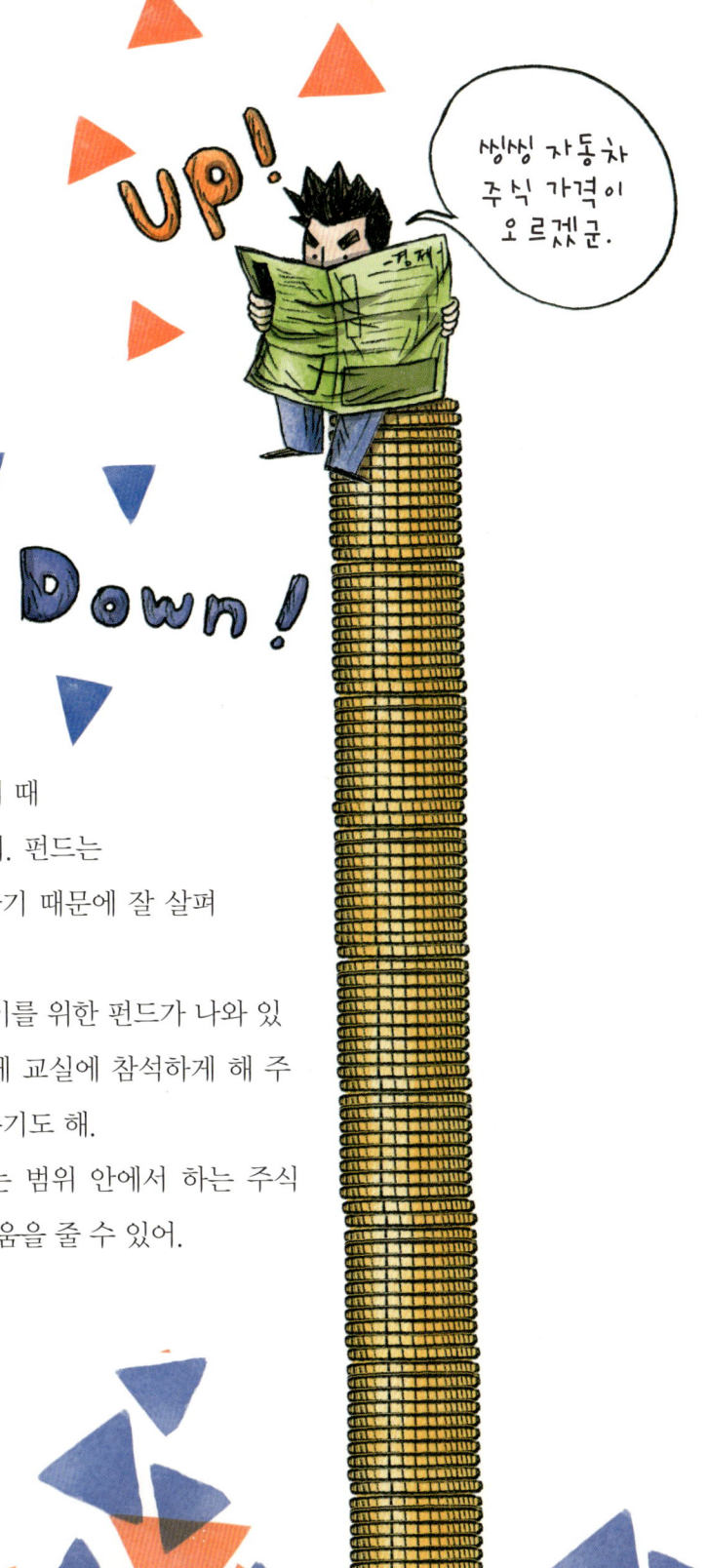

나도 사업가!

사업 계획서를 통해 충분히 할 수 있다는 자신감이 생기면 사업을 시작해도 좋아. 꼼꼼하게 예산을 세우고, 성실하게 노력하면 반드시 좋은 결과를 얻을 수 있을 거야.

"사업은 어른들만 하나요? 나도 사업을 해 보고 싶어요."

직접 사업을 해 보고 싶다고?

물론 초등학생도 사업을 할 수 있어. 초등학생이 하기에 적합한 사업으로는 '장보기 대행', '헌책 내다 팔기', '시간제로 아이 돌보기' 등이 있어. 이 외에 새로운 아이디어들도 얼마든지 가능해.

사업을 시작하기 전에는 '사업 계획서'를 세워 보는 게 중요해.

내가 생각한 사업 아이디어

이 사업을 시작하게 된 이유

함께 일할 사람들과 사업을 하는 데 필요한 예산

이 일을 통해 얻을 수 있는 예상 수익

사업을 통해 얻고자 하는 것들

사업 계획서를 세우며 충분히 할 수 있다는 자신감이 생기면 사업을 시작해도 좋아. 꼼꼼하게 예산을 세우고, 성실하게 노력하면 반드시 좋은 결과를 얻을 수 있을 거야.

경 / 제 / 실 / 천

나도 미래의 부자가 될 수 있다!

돈에 대한 감각과 경제의 흐름을 읽을 줄 아는 재능을 금융 아이큐라고 한다. 금융 아이큐가 높은 사람은 부자가 될 가능성이 많은 사람이다.

금융 아이큐는 공부를 잘하고 못 하는 것과는 큰 상관이 없다. 금융 아이큐를 높이기 위해서는 돈에 대한 감각을 키우고 경제의 흐름을 파악하기 위해 항상 노력을 기울여야 한다.

다음은 금융 아이큐를 높이기 위해 늘 염두에 두어야 할 것들이다.

① **부자가 되어서 하고 싶은 일들을 정하자**

부자가 된 나를 상상하자.

② 경제에 관심을 갖자

경제 신문과 책, 인터넷 등 경제에 관계된 정보를 찾아 읽자.

③ 내가 진짜로 잘할 수 있는 일이 무엇인지 생각하자

내가 좋아하는 것으로 할 수 있는 미래의 직업이나 사업 아이디어를 생각하자.

④ 나의 지출 습관을 체크하자

낭비하는 돈은 없는지 늘 확인하자.

⑤ 저축하는 습관을 들이자

저축액을 꾸준히 늘리자.

미래는 지식과 정보 위주의 사회가 될 것이다. 나만이 할 수 있는 창조적인 일을 찾아 내는 사람이 미래의 부자가 될 가능성이 높은 사람이다.

금융 아이큐를 높이고 기발한 아이디어와 이를 뒷받침하는 노력이 따라 준다면 미래의 부자가 되는 것은 얼마든지 가능한 일이다.

초등학생 자기계발서

2017년 2월 10일 2판 1쇄 발행
2023년 8월 2일 2판 11쇄 발행

감　수 | 공병호
지은이 | 정수은
그린이 | 송진욱
발행인 | 김경석
펴낸곳 | 아이앤북
편집자 | 우안숙
디자인 | 김희영 장지윤
마케팅 | 남상희
주　소 | 서울시 성동구 천호대로 424(용답동)
연락처 | 02-2248-1555
팩　스 | 02-2243-3433
등　록 | 제4-449호

ISBN　979-11-5792-086-0 74370
ISBN　979-11-5792-097-6 (세트)

이 책에 실린 모든 내용, 디자인, 이미지, 편집 구성의 저작권은 아이앤북과 지은이에게 있습니다.
http://blog.naver.com/iandbook 아이앤북은 '나와 책', '아이와 책'이라는 뜻을 가지고 있습니다.

이 도서의 국립중앙도서관 출판시도서목록(CIP)은 e-CIP 홈페이지 (http://www.nl.go.kr/ecip)
에서 이용하실 수 있습니다. (CIP 제어번호: CIP2016028686)